『安倍晋三 回顧録』公式副読本

安倍元首相が語らなかった本当のこと

中央公論新社 ノンフィクション編集部 編

中央公論新社

目次

はじめに　7

第1章　秘話　11

［対談］安倍政権中枢の極秘メモ「谷内正太郎 覚書」の全貌と北方領土交渉の裏側　12
谷内正太郎×手嶋龍一

「著者ノート」から――語られなかった真実　41
手嶋龍一

黒川検事長問題、森友100万円授受の真相――知られざる安倍晋三の「聞く力」　53
橋本五郎

第2章　当事者は語る　67
私はジョーカーではなく、ハートのエース　小池百合子　68
「敵」と見なされても発言し続ける　石破　茂　81
「対立の岸」と「融和の池田」一人二役をめざしていた　谷垣禎一　93
財務省批判は、筋が通っていた　塩崎恭久　106
第3章　研究者の分析
赤裸々な独白から浮かび上がるもの　中北浩爾　118

歴史の法廷と現役政治家の語り
——『蹇蹇録』を参考に
佐々木雄一 138

オーラル・ヒストリーとしての意義と課題
村井良太 158

第4章 霞が関より 177

アベノミクスが成功したのは消費税率引上げが決まっていたからだ
元財務官僚 178

厚労省と官邸の闘いではない
負の情報を伝えるのが官僚の役目
鈴木康裕 196

第5章　安倍晋三とは　213
［鼎談］憲政史上最長政権の軌跡　214
——回顧録が明かす安倍政治の戦略と人事
菅　義偉×北村　滋×橋本五郎
［対談］『安倍晋三 回顧録』を点検する　233
——史料として読んでいくために
御厨　貴×中北浩爾
［対談］「強敵」安倍晋三を語る——その思想、政策、そして人柄　249
前原誠司×辻元清美
外交スピーチライターは『安倍晋三 回顧録』をどう読んだか　264
——息遣い、口調が蘇る
谷口智彦
初出一覧　277

装幀　岩郷重力＋K.N.

はじめに

2022年7月8日、参院選の街頭演説中に凶弾に撃たれ、非業の死を遂げた安倍晋三元首相の36時間に及ぶインタビューを収録した『安倍晋三 回顧録』は、3カ月余で27万部を突破し、あらゆるメディアに取り上げられ、一時的に社会現象となった。

とはいえ、多くの回顧録がそうであるように、本書もまた「安倍史観」である側面は否めない。だからこそ、聞き手を務めた橋本五郎氏は、本書を安倍元首相が歴史の法廷に提出した「陳述書」であり、「たたかれて、たたかれて、鍛えられる鍛造品」と位置づけたのだ。

回顧録の刊行を機に、安倍政権の内実について証言する人々も多数、出始めている。立場や主義主張を超えて考察する『安倍晋三 回顧録』公式副読本を刊行する。

中央公論新社
ノンフィクション編集部

安倍元首相が語らなかった本当のこと

『安倍晋三 回顧録』公式副読本

第1章

秘話

〔対談〕

安倍政権中枢の極秘メモ「谷内正太郎覚書」の全貌と北方領土交渉の裏側

谷内正太郎　初代国家安全保障局長、富士通フューチャースタディーズ・センター理事長

やちしょうたろう　1944年生まれ、富山県出身。66年東京大学を卒業し、同大大学院修士課程を終えて、69年に外務省に入省。条約局長、総合政策局長。内閣官房副長官補として安倍晋三官房副長官と拉致問題などに取り組む。05年より外務事務次官。初代の国家安全保障局長として第二次安倍政権の外交・安全保障政策を支えた。現在、富士通フューチャースタディーズ・センター理事長。著書に『外交の戦略と志』などがある。

手嶋龍一　外交ジャーナリスト・作家

てしまりゅういち　9・11同時多発テロ事件ではNHKワシントン支局長として中継を担う。ハーバード大学フェローを経て2005年にNHKより独立し、インテリジェンス小説『ウルトラ・ダラー』『スギハラ・サバイバル』がベストセラーに。近著に『武漢コンフィデンシャル』、佐藤優氏との共著『ウクライナ戦争の嘘』（中公新書ラクレ）など。

構成：南山武志

安倍政権の「大」「中」「小」目標を進言する

手嶋　安倍政治とは果たして何だったのか――『安倍晋三 回顧録』の出版を機に様々に論議を呼んでいます。日本のメディアは、目先の特ダネを追いかけるあまり、ひとたび事柄が過ぎてしまうと、精緻に検証して歴史の秒針を刻むという仕事をあまりしてきませんでした。そんな日本の風土にあって、今回の回顧録の出版は、安倍時代を多角的に検証するための一石を投じています。しかし、外交の分野に限っては、なお空白を埋めるに至っていません。ただ、どこが空白のままなのか、それを浮かび上がらせる役割は果たしたと思います。

そこで谷内正太郎さんの出番です。かつて小泉官邸にあって内閣官房副長官補として安倍官房副長官と共に拉致問題に取り組み、第二次安倍内閣では、初代の国家安全保障局長として「日本版NSC」の舵取りを託されました。安倍内閣の外交・安保政策については、ほぼすべてを知り尽くしている。そんな谷内さんに『安倍晋三 回顧録』が敢えて語らなかった空白を埋めてもらおうと思います。2012年暮れに第二次安倍政権が誕生しますが、この時点ではまだ在野に身を置いていたのですね。

谷内　そう、安倍政権ができた直後だったと記憶していますが、総理官邸に呼ばれて、内閣官房参与をやってほしいと要請されました。それで安倍総理にお会いしたのですが、私は日頃から考えていたことを率直に総理に申し上げました。外交・安保の分野では、安倍総理も造詣が深く、研鑽を積んでこられました。ただ、実際に政策を遂行していくうえでは、やはりプライオリティ（優先順位）を明確にし、全体を視野に収めながら、それぞれの課題をどう遂行していくか決める必要があると思いました。内閣がなすべき課題を、大目標、中目標、小目標に整理して考えたほうがいいと申し上げました。

手嶋　この意見具申は、一部、コアな関係者の中で伝えられている「谷内正太郎 覚書」に基づいて行ったのですね。具体的にお聞かせください。

谷内　憲法改正と、双務的ないし対等の日米同盟を作ること。これこそ安倍政権の大目標たるべしと申し上げました。それまでも安倍さんとは様々な勉強会などで意見を交わしていましたから、この大目標については、総理も恐らく同じ考えをお持ちだと思いました。

とはいえ、大目標を一気に実現することは難しい。そこで、中目標として、集団的自衛権の憲法解釈を変更し、海洋国家のネットワークを構築する。これが後の「自由で開かれたインド太平洋（ＦＯＩＰ）」につながる考えの基調となりました。加えて、経済の成長戦略、エネルギー戦略を立案し、環太平洋パートナーシップ協定（ＴＰＰ）の発足を目指す。これらのテーマを中目標として位置づけるべきだと申し上げました。

次に小目標として、靖国参拝や従軍慰安婦をはじめとする歴史認識の課題を克服することですと申し上げました。尖閣諸島の実効支配を強化し、沖縄の米軍普天間基地の移転問題を解決する。さらに、北朝鮮による拉致問題の打開を目指す。これらの諸懸案は、いずれも重要なテーマではありますが、国家戦略全体からは小目標として位置づけ、目に見える成果をひとつひとつあげていく必要がある――簡潔にいえば、そのようにお伝えしました。

手嶋　戦後の日本では、大きな戦略を描いて、個別の問題に取り組んでいくということが必ずしも行われていませんでしたから、政策の優先順位が明確にされると何か新鮮な響きがありますね。

憲法改正のために、ウイングを左に広げる必要がある

谷内　安倍内閣の政治のプライオリティをしっかり定めたうえで、特に以下のような点を強調してお話しさせていただきました。

一つ目は、大目標である憲法改正を進めるためには、政治のウイングを左に広げていかなければいけないということ。保守の純化路線では、憲法改正は達成できないとはっきり申し上げました。

二つ目に、いま国民が真に望んでいるのは、実は外交・安保などではなく、日本経済の再生であると申し上げました。当時は、民主党政権の後で、六重苦と言われたように実態経済が非常に落ち込んでいましたから。すでに安倍さんはアベノミクス路線を打ち出してはいたのですが、経済最優先という順序を間違えないよう、政治の舵取りをする必要があると念を押しました。

三つ目は、必ず長期に及ぶ安定政権を築いてもらいたいと伝えました。第一次安倍内閣が短命に終わったため、安倍さんにも責任があったのですが、6人の総理がほぼ1年ごとに交代していくという政治のありさまは、とりわけ国際社会にあっては、日本に対する評価をどれだけ損なっていたことか。そうした悪い流れを今度こそ断ち切って、初めて長期政権を目指すことができると率直に申し上げました。

そして四つ目に挙げたのは、外交においては、アメリカとの関係が重要なことは言うまでもないものの、中国、ロシア、韓国、北朝鮮といった国々との関係悪化が著しいので、近隣諸国との関係を改善することが急務だと訴えました。なかでも中国といかにつき合っていくかは、まさしく今世紀最大の課題ですと。安倍総理も以前からそうした認識を持っていましたので、近隣諸国との関係改善という考え方を貫いてくださいと進言しました。

手嶋　安倍外交は、保守・強硬路線と思い込んでいる人たちには、政治のウイングを左に広げ、中・ロ・北朝鮮と関係を改善すべしという進言は意外に思えるでしょうね。安倍総理の反応はいかがでしたか。

谷内　正直、反論のようなことは何も言われなくて、じっと聞いておられたと思います。安倍政権の外交・安保政策に関して言えば、戦略的思考に深く基づくものであるべしと思っていました。安倍総理も的確に実行に移していかれたと思います。その推進力になったのは、やはり首脳外交です。『回顧録』にも詳しく書かれていますが、安倍総理は、歴代の総理がやったことがない

（注：対談を基に編集部で再現）

「谷内正太郎 覚書」

1. 政策の優先順位を認識して取り組むことが肝要

(1) 大目標
- 憲法の改正
- 双務的で対等な日米安保体制の構築

(2) 中目標
- 集団的自衛権に関する憲法解釈の変更
- 海洋国家のネットワークの構築
- 新たな成長戦略とエネルギー戦略（原発等）
- TPP

(3) 小目標
- 靖国神社参拝問題
- 「従軍慰安婦」問題
- 尖閣諸島の実効支配の強化
- 普天間基地問題
- 北朝鮮の核・ミサイル問題
- 拉致問題
- 北方領土問題

2. 留意事項

(1) 憲法改正を進めるためには政治のウイングを左サイドに広げる必要がある。保守の純化路線では大目標の達成はかなわない。

(2) 国民は外交・安全保障政策よりも停滞する経済の再生を切実に望んでいる（アベノミクスの推進)。外交・安保と経済再生の優先順序を間違えないようにすることが肝要。

(3) 長期安定政権の実現
日本ではこの６年で６人の総理が誕生しており、日本政府と日本に対する国際的評価が大きく下がってきている。従って、なんとしても長期の安定政権を実現することが重要である。

(4) 近隣諸国との関係改善
近年、中国、ロシア、韓国、北朝鮮との関係が著しく悪化しており、これら近隣の国々との外交関係の改善が急務となっている。
とりわけ中国といかにつき合っていくかは、日本にとって今世紀最大の課題である。

3. 戦略的外交の手法

(1) 戦略的な視点に立脚した最も効果的な外交を展開しうるのは、首脳自らによる外交である。

(2) 国家安全保障局の創設
かかる首脳外交を中長期な観点から行うためには、外交・安保戦略を企画・立案して首脳を補佐し、主要な外交案件を推進する国家安全保障局の創設が欠かせない。

〝戦略的な首脳外交〟を精力的にやり遂げられたと思います。そうした首脳外交を支える「国家安全保障局」を創設し、中長期の外交安保戦略を企画・立案すると共に、主要な外交案件は外務省任せにせず、「国家安全保障局」を中心に検討し、実行していく仕組みを確立したことは画期的だったと考えます。

やはり、安倍総理には第一次政権でやり残したことに対する無念の思いがあったのだと思います。とりわけ、集団的自衛権に関する憲法解釈の変更は安倍総理の長年の念願でした。第一次政権では、総理の私的諮問機関として座長に柳井俊二元駐米大使を起用して「柳井懇談会」を立ち上げたのですが、報告書の提出を前に安倍さんが病で倒れて、挫折してしまった。今度こそ何としてもやり遂げようという強い決意がありました。この中目標だけは何としてもやり遂げたいと。

「谷内正太郎 覚書」という一級の史料

手嶋　冒頭から回顧録の空白を埋める剛速球が投げ込まれてきました。官邸関係者の間では「谷内覚書」と言われていたのですから、ペーパーにまとめて安倍総理に手渡したのですね。

谷内　ええ、総理に直にお渡ししました。でも大論文ではなく、ほんの2、3枚のメモでした。

手嶋　谷内さんという外交官は、ご自身は回顧録の執筆など面倒なことはする気がなく、メディアの取材もできれば受けたくないといった一風変わったタイプです（笑）。「谷内覚書」という重要な文書の存在を初めて認めてくれただけでもよしとすべきかもしれません。

谷内　いま、官邸の関係者といいましたか？　安倍さん以外に、私の進言の中身を知っていた人などいるのかなあ。

手嶋　情報源はつまびらかにできません（笑）。その後、国家安全保障局長として第二次政権の中枢に身を置くようになり、この「谷内覚書」に示された内容を総理が否定するような発言や行動はなかったのですね。

谷内　安倍総理とは気持ちは十分に通じていましたが、二人だけでざっくばらんに話をするというような場面は、二期の政権を通じてほとんどありませんでした。意外に思われるかもしれませんが、実は総理と突っ込んだ議論をしたことはあまりなかったと思います。国家安全保障局長の役割は、幾多の課題を整理し、方針を固めて、官房長官の了解を得た上で総理の了承を取りつける。これが通常の政治判断のプロセスになります。総理はとりわけ多忙ですから、私が「あの時、総理はこう言われましたが、やはりこうではないでしょうか」といったやり取りをしたことは一切ありません。ですから、私の進言を否定されるようなこともありませんでした。

手嶋　『安倍晋三 回顧録』には、その時々の外交・安全保障に関する動きは述べられているのですが、大戦略にかかわる記述は希薄でしたから、後世の研究者にとっては「谷内覚書」は、安倍外交を検証する第一級の史料になりましたね。

　第二次政権を担った安倍さんは、「谷内覚書」が求めていた長期政権を実現したことによって、外交・安全保障分野で独自の外交・安全保障戦略を遂行していきました。安倍さんは、折に触れて「谷内覚書」を紐解き、反芻《はんすう》しながら、政権を運営していったのではないでしょうか。

安倍総理は、第二次政権を発足させるにあたって、新たに設ける国家安全保障局を谷内さんに託すことを初めから決めていたのだと思います。かつて外務省の機構改革を手がけた瀬島龍三さんから「組織の改革は、将来、そのポストに誰を充てるかイメージして進めることが肝要だ。将来の総合政策局長には谷内君をと考えて構想を練った」と聞いたことがあります。安倍総理もそうだったと思います。しかし、『安倍回顧録』は「谷内覚書」に全く触れていません。

谷内　確かにそうですね。

手嶋　『安倍回顧録』に全てを求めるのは無理というものです。とりわけ、外交・安全保障の分野では、機密を要するものも多く、我々が知りたい事実が網羅されているわけではありません。機微に触れる部分は敢えて省いたり、インタビュアーにも訊ねられなかったのでしょう。そうした空白部分を埋めるのは残された者の重要な責務だと考えます。その意味で、冒頭から「谷内覚書」に触れていただいた意味は大きいと思います。

谷内　さあ、果たしてそういうことになるのか、自分では判断がつきかねます。

安倍総理を頼ったトランプ大統領

手嶋　それでは安倍総理が取り組んだ首脳外交について検証してみましょう。安倍総理の首脳外交といえば、ニューヨークのトランプ・タワーで電撃的に実現した安倍・トランプ会談をまず取り上げないわけにはいきません。２０１６年11月の米大統領選挙で、ドナルド・トランプ共和党候補は、大方の予想を覆してヒラリー・クリントン民主党候補を破って当選を果たしました。これは後の日米関係を考えるうえでも、安倍政権を長期政権に導くうえでも、きわめて重要な出会いとなりましたね。

谷内　その通りです。トランプ氏と緊密な関係を築いたことは、安倍総理にとって突出して大きな意義があったと思います。各国の首脳が苦労しているなか、安倍さんはトランプさんと揺るぎない信頼関係を築きあげて群を抜いていました。従来の米国大統領とはタイプの異なるトランプさんと信頼関係を結べたことが、日本にとってどれほどプラスになったことか。トランプさんの方も、安倍さんを頼りにし、折に触れて意見を求めるというところがありました。従来の日米関係ではありえなかったことです。

手嶋　安倍総理が凶弾に斃《たお》れた時、欧米の外交専門家はその突然の死を心から悼みました。心ある戦略家たちには東アジアに大きな空白が生じてしまったと映ったことでしょう。

トランプ政権の誕生で、米国と欧州の同盟国の間には、かつてなかったような不協和音が高まりました。トランプ大統領が〝アメリカ・ファースト〟を唱えて、剝き出しでアメリカの国益を追求する姿勢を鮮明にしたからです。とりわけワシントンの戦略家たちは、大西洋に生じた戦略的な空白を懸念しました。本来なら、太平洋にも同様の空白が生じ、新興の大国、中国がそれを埋める危険がありました。しかし、それを懸念しなかったのは、安倍・トランプの信頼関係が太平洋同盟を相対的に安定したものに保ったと評価したからでした。

谷内　そうした安定した安倍・トランプ関係を築き上げるきっかけは、紛れもなくトランプ・タワーの会談でした。

手嶋　トランプ・タワー会談の時点では、トランプさんは選挙に勝利した次期大統領に過ぎませんでした。２０１６年12月の段階では、バラク・オバマというれっきとした現職大統領がいましたので、外交慣例からすれば〝禁じ手〟に近い振る舞いでした。

谷内　そうでしょうね。ただ、あれは安倍外交の文字通り真骨頂だった。外務省の大方の予測にも反して、トランプさんが大統領に当選してしまった。しかも、ＴＰＰの反対論者であり、日米同盟を軽視するような発言も見受けられました。それゆえ、安倍総理としては、一日も早く会って誼《よしみ》を通じておく必要があると判断したのでしょう。

一方でトランプさんの方も、あれだけ強気でアグレッシブな人なのですが、当選した時点では、トランプさんなりに不安も覚えていたはずです。そんな折、すでに数々の国際舞台で首脳外交をこなしてきた経験を持つ安倍総理からの会談のオファーがあったのですから、ともかく会ってみようという気持ちになったのでしょう。

手嶋　トランプ氏がこれから付き合うＧ７のリーダーたちを安倍さんは既によく知っている。実際、トランプ氏からは「あの指導者はどんな人か？」と、具体的な品定めまで訊ねられ、安倍さんがそれに答えている。これでは信頼関係ができるわけですね。

谷内　安倍さんは〝雑談力〟に秀でた政治家です。会談でも、あのトランプさんがむしろ聞き役に徹していた。これはなかなかの光景です。

これは『安倍晋三 回顧録』にも出てくるエピソードですが、トランプ・タワーの入り口で安倍さんを迎えたのは、長女のイバンカさんと夫のジャレット・クシュナーさんでした。安倍さんは、エレベーターの中で、夫妻の長女のアラベラちゃんが、当時世界中でブレイクしていた「ピコ太郎」の物まねをするSNS動画の話を振り、「もっともキュートなパイナッポーでした」と伝えたところ、二人は大喜びしたといいます。後にトランプ大統領は「イバンカの人物評は厳しいが、安倍さんの評価が最も高い」と言ったそうです。

手嶋　このトランプ・タワー会談で、安倍さんは旧東ドイツ育ちのメルケル首相のことを「実は非常に難しい人だ」と囁きました。「彼女があなたにどう語りかけたとしても、必ずしも額面通りに受け取ってはならない」と。「ロシアのプーチン大統領ともロシア語で話し合っている。メルケル首相には心せよ」と警告したのです。これがどれほど貴重な助言だったか、やがて明らかになっていきました。

谷内　メルケル首相に関していえば、おっしゃるように、かなり難しい人だったことは確かですね。安倍さん自身も、第二次政権の3分の2ぐらいの期間は、結構「難敵」という感じを持っていました。ところが、トランプ・メルケルの間があまりにも悪かったため、メルケルさんの方から安倍さんを通じて「対話の糸口を見つけたい」という姿勢が見え始めたんです。あくまでも私の印象ですが、第二次政権の終わり頃には、安倍・メルケル関係はすごくスムーズに運ぶようになったと思います。

手嶋　トランプ・タワーでの会談は、単なる顔合わせの域を超え、就任を控えた米国大統領が現実の国際政局の機微について初めてレクチャーを受ける場になった。国際社会へのデビューを控えたトランプさんにとって、安倍総理が首脳外交の指南役を務めたのですね。

谷内　トランプさんが、西欧の指導者に対して見せるような冷たい態度を、安倍さんにとったことはありませんでした。いつも会うのを楽しみにしていた。そういう「特殊な間柄」を築く出発点になったのがトランプ・タワーだったことは間違いないと思います。

世界が受け入れた「自由で開かれたインド太平洋（ＦＯＩＰ）」のこと

谷内　安倍外交に関して言えば、特筆すべき成果として、ＦＯＩＰ、自由で開かれたインド太平洋という構想をまとめ、打ち出したことでしょう。ここに示された新たな概念は、第一次安倍政権で麻生外相が表明した「自由と繁栄の弧」構想を踏まえつつ、打ち出された画期的なものでした。

手嶋　外交オブザーバーとして言い添えれば、当時、麻生外相が打ち出した「自由と繁栄の弧」も、外務次官だった谷内さんのアイディアでした。「自由と繁栄の弧」とは、東アジアから東南アジアを経てインド亜大陸・中央アジア・コーカサスに伸び、中東地域を横断して北欧諸国やバルト諸国に伸びる地域を物心両面で繋ぎ、デモクラシーという普遍的価値をこれらの地域に根付かせようという壮大な構想でした。

谷内　重要なことは誰が発想したかではなく、日本から提唱された新しい構想がやがて欧州やアジアの国々にも理解され、支持されるようになっていったという事実です。ここから発展していった「自由で開かれたインド太平洋」という構想は、いまでは誇り高いアメリカの戦略家たちまで使うようになっています。これまではなかったことです。長期政権を築いた安倍さんの存在感なしには考えられませんでした。トランプ政権からも賛同の声が寄せられました。手嶋さんが指摘したように、太平洋同盟を強化するという面でも大きな意味がありました。

その一方で、中国からは「一帯一路」に対抗する中国包囲網だという反応が示されました。しかし、ＦＯＩＰ構想は、そんな狭い考えに立脚したものではない。なにしろ「自由で開かれて」いるのですから。

この構想のポイントは三つあります。一つは、法の支配、航行の自由、自由貿易などを普及させ定着させる。二つには、国際的なスタンダードに則った質の高いインフラ整備等を通じて互いの経済的結びつきを強め、繁栄を追求する。三つ目は、関係する国々の海上法執行能力の向上を支援し、防災、核不拡散などを含む平和と安定に取り組むことにありました。「質の高いインフラ整備」は、戦後の日本がずっと進めてきた考え方ですから、あえて柱の一つに据えました。

手嶋　それは、途上国を繁栄に導くＦＯＩＰの大きな特徴ですね。

谷内　中国が開放性、透明性、経済合理性、財政の健全性というものを基調にするなら、「一帯一路」構想と矛盾するものではないはずです。実際、中国側にも折に触れて「対中包囲網とかいうものではまったくありません。この構想に賛成し協力しませんか」と話してきました。

手嶋　２０２１年には、中国がＴＰＰに加盟申請するという動きもありました。現状、棚上げになっていますが。

谷内　いずれにせよ、ＦＯＩＰのような誰もが一致できるビジョンを持つことは、今日ますます大きな意味があると思います。

左にウイングを広げるということ

手嶋　冒頭で、長期政権を目指すなら「ウイングを左に広げるべし」という「谷内覚書」に触れました。その意味するところは、要するに、リベラルの陣営にも政治的な支持基盤を広げながら、政権の運営に当たるということですね。いうまでもなく、安倍晋三さんという政治家は、自他ともに認める右派の論客であり、そこが強みでもあり、ウィークポイントでもあったわけですね。

強みという点では、右派という旗幟《きし》が鮮明であるため、実は「左ハンドル」も切りやすかったという側面があったと思います。

谷内　そう、対中国や対ロシア外交では、多少妥協したりしても、安倍さんがやるなら仕方ないかと強硬な保守や右派の面々も認めてしまう。

ただ、憲法改正のような大目標を達成するには、安倍政権に対する幅広い支持が欠かせません。保守の盤石な基盤に加えて、左にウィングを広げ、幅広い政治勢力を糾合しなければ、憲法の改正も実現できません。

手嶋　その点は安倍さんもよく分かっていて、『安倍晋三 回顧録』には、2015年の「戦後70年談話」に関連し、「私を支持してくれる保守派の人たちは、常に100点満点を求めてきますが、そんなことは政治の現場では無理なんですよ」と発言している。「保守の純化路線では無理」という「谷内覚書」の進言をよく踏まえていると思います。

ですからこの「70年談話」には、「侵略」「おわび」「植民地支配」「痛切な反省」といった右派の人たちが目をむきそうな言葉が並んでいます。韓国の朴槿恵政権とも10億円を拠出して慰安婦問題で日韓の合意をまとめ上げ、国内では「働き方改革」を断行したりして、左側の陣営にもウィングを広げる政策を実行に移していきました。

谷内　安倍さん自身もリベラルな陣営を取り込むべく、様々に努力をしたと思います。ただ、安倍さんは父親の晋太郎さんよりも祖父の岸信介さんを尊敬していると言われ、その岸さんが戦犯の容疑をかけられ、強硬な保守政治家だったため、安倍さんも何となく怖い人だというステレオタイプのイメージがメディアでつくられた面がありました。そうした印象をなかなか払拭できなかった。最後まで、そこが政権のネックになった点は否めないと思います。

2022年暮れのいわゆる安保3文書（「国家安全保障戦略」「国家防衛戦略」「防衛力整備計画」）

の閣議決定によって、防衛費のＧＤＰ比２％への引き上げ、反撃能力、継戦能力の保有といったことに道が開かれましたが、これらはもともと安倍さんが提唱してきたことです。実は安倍政権時代に、こうした構想を打ち出すべきか、総理と議論をしたこともあります。しかし、いまのタイミングで防衛費をＧＤＰ比２％に引き上げるという話を持ち出せば、ものすごい反発を食らうだろうと断念しました。今回は、ハト派とみられてきた岸田総理だからできたという側面もあったように感じます。

手嶋　安倍さんという政治家は「ゴリゴリの右派」のレッテルを最後まで剝がすことができなかった。加えて、「モリカケ（森友学園、加計学園）」問題のようなスキャンダルに見舞われ、官邸機能を強化したことで、既存の官僚機構と軋轢《あつれき》を高め、安倍政治の推進に影を落とす結果になりました。

その点で、私としては、どうしても対比したくなってしまうのが、アメリカ37代大統領のリチャード・ニクソンです。片腕であるヘンリー・キッシンジャー補佐官を起用して、電撃的な米中の和解を実現するなど、真に戦略の名に値する外交を展開しました。その一方で、ウォーターゲート事件というスキャンダルに塗れ、志半ばで大統領の座を追われることになってしまった。キッシンジャーは、名著『Diplomacy（外交）』の中で、端的に「ウォーターゲート事件がなければ、ニクソンは自分の外交スタイルに国民の支持を集められたかもしれないし、実際にはそれがアメリカの理想主義を確立する最も現実的な方法であることを示しえたかもしれない」と述べています。安倍政治も、それと似たところがあったのではないでしょうか。

谷内　たしかに、そうした側面は否めないでしょうね。

手嶋　『安倍晋三 回顧録』でも、さまざまに言い訳はしていますが、国内のスキャンダルに足元をすくわれ、総理としてはやらないほうがいい財務省をはじめとする官僚機構とのバトルで、安倍外交の大きな成果が、少なからず霞んでしまった面は否めません。いくら長期政権でも、どうしても成し遂げるべき優先目標に力を集中させていればと思ってしまいます。安倍外交の総仕上げをしようという時に、それらのスキャンダルが〝躓《つまず》きの石〟となって、外交の推進力を殺《そ》いでしまったことは残念です。

谷内　個人的な感想を言えば、それらは、最初に言った大目標や中目標から見て、全く枠外の個人的な話でした。こんなことが、これだけ大ごとにされてしまうのか、というのが正直なところでしたね。おっしゃったように、それによって、せっかく安倍さんがあれだけ外交で頑張り、国際的な評価も確立したという事実が傷つけられ、霞んでしまったことには、フラストレーションを感じてしまいます。安倍政治の本質は、そこにはないでしょう、と言いたくなる。でも、「もう安倍はだめだね」という世論が形成されていく潮流が生まれてしまえば、いかんともしがたかった、という感がありましたね。

外交で発揮された安倍総理の抜群の対応力

谷内　ただ、だからといって、安倍外交の成果そのものが失われるわけではありません。対米外交についても先に触れましたが、安倍総理は、中国との外交についても渾身の力を注いで取り組んだと思います。

手嶋　対中外交についていては、第一次安倍政権の発足時に鮮烈なデビューを飾っています。総理就任後の初の外遊先として、米国ではなく、中国と韓国を選び、胡錦濤国家主席（当時）との会談では、戦略的互恵関係を盛り込んだ「共同文書」を発表しています。

谷内　日中関係の改善は、米中関係の文脈からみても極めて重要です。アメリカは時代を経るにつれて、中国への警戒感を加速度的に強めていきました。「中国のことは俺たちに任せておけ」という時代は過去の風景になっています。米側もそのことを痛いほど意識している。そうしたなかで、アジアの隣国である日本が、中国の首脳と対話のチャネルを持ち、率直に話ができる、必要なら説得できる力を持っているというのは、日本にとって大きな外交上の資産になります。

もちろん、それ以前に、東アジア全体を見渡して、日本の安全保障を考える時、中国と安定的な関係を築いておくことは避けては通れない外交課題です。中国が力を剝き出しにして海洋へ進出し、時に強圧的な経済外交を展開する時には、日本として主張すべきは主張する、正すべきは正す。そんな姿勢を堅持しなければなりません。その一方で、日本国民は誰しも中国と戦争がしたいなどとは微塵も思っていない。そうした日本の姿勢を中国側に明確に伝えながら、アジアの安定と平和に貢献していくという日本の信念がいかに揺るぎないものであるかを伝えていく必要があります。そのためにも、まずは、首脳同士が率直に話し合いができる関係を築いていくことが重要です。こうした基本姿勢に関しては、安倍さんという政治家がブレたりすることは絶えてありませんでした。

手嶋　日中両国が再び干戈《かんか》を交えるようなことがあってはならない。その点では、習近平国家主席も、中国の人々も、同じ気持ちのはずです。しかし、皆がそう思っていても、ずるずると戦争に引き込まれていった歴史の教訓があります。第一次世界大戦がまさしくそうでした。それゆえ、首脳同士の外交の責務は重いものがあります。外交の事務当局のやり取りには限界があります。

谷内　真の意味で信頼感を育むことは首脳が乗り出さなくてはかないません。

谷内　トランプ政権の誕生で米欧関係が険悪になるなか、安倍・トランプの信頼の絆が日米関係の悪化を防ぎ止めたことは、いくら強調してもしすぎることはないと思います。

手嶋　首脳外交の舞台で、安倍総理の雑談力が大きな武器になりました。会談を重ねるごとに首脳たちと親密になり、習近平さんとの間でも、安倍さんの雑談力がいかんなく発揮された場面がありました。

谷内　私も日中首脳会談の場に何度か居合わせましたが、安倍さんの雑談力は、居並ぶ中国側の要人たちも笑せるものであり、その場がパッと明るくなりました。その光景を目の当たりにして、つくづく安倍さんという政治家の雑談力は大したものだと感じ入りました。

手嶋　そういう場には、かつて駐日大使も務めた外交部長の王毅さんもいたはずです。

谷内　ええ、確かにいましたよ。

手嶋　王毅さんは中国外務省を代表する知日派です。僕らとやり取りするときにも、かつては見事な日本語を操ってみせたものです。ただ、日中関係が冷え込むと、誰よりも日本に厳しい態度を見せるようになりました。

谷内　王毅さんが、東京の日本大使館に在勤していた頃は、それは愛想がよく、気さくに付き合っていました。ですから、王毅さんを親しい友人だと思っていた日本の関係者の中には、日中関係の悪化に伴って、彼の態度がよそよそしくなったと感じたひともいたようです。安倍さんも「王毅さんは、私が総理になってから、目を合わせようとしなくなった」と寂しそうに言っていました。ちなみに安倍さんはある時習近平さんに、「王毅さんは日本にいた時には、ものすごくゴルフが上手だったんですよ」と発言したんですよ。

手嶋　その頃の中国では、習近平さんの命令一下、共産党員はゴルフをするべからずという禁止令が出ていました。

谷内　首脳会談の場で、国家主席の面前で、突然、ゴルフの話をふられ、あの王毅さんも、もう周章狼狽して弁解していました。ご本人には気の毒ですが、あれには皆大笑いしました。安倍さんというひとは、そういう茶目っ気がある当意即妙のやり取りができる政治家でした。

安倍さんの雑談力といえば、一つ忘れられない話があります。2015年、アメリカの上下両院の合同会議で「希望の同盟へ」と題して素晴らしいスピーチをされました。

手嶋 この後のディナーの席で笑いを取った一幕は、議会関係者の間でいまも語り草になっていますね。

谷内 そう、安倍総理は、「ハウス・オブ・カード」という番組をNetflixでよく見ているという話を披露しました。「ハウス・オブ・カード」は、野心的な副大統領が権謀術数の限りを尽くして、ボスの大統領を辞任に追い込み、自らが後任に納まるという人気のテレビドラマです。「あのドラマに夢中になっている」と打ち明け、「ただ、私はあの番組を副総理の麻生さんには見せたくない」と言い、大爆笑が巻き起こりました。アメリカの政界ではこの手のジョークは受けると分かっていたのでしょう。

こういうジョークに磨きがかかったのは、数々の首脳会談の修羅場を潜り抜けたからこそです。即興のディベート、スピーチの力は、在任期間が長くなるにつれて次第に研ぎ澄まされていったように思います。

北方領土問題にかける安倍さんの思い

手嶋 さて、いよいよ『安倍晋三 回顧録』と実際の安倍外交との間には決定的な乖離《かいり》がある、という問題を論じてみましょう。直截《ちょくせつ》に言えば、この『回顧録』が肝心な部分を正確に書いていないのは、日ロ間の北方領土返還交渉です。これでは、日本という国家が再び対ロ交渉に臨む際の指針にならない。その点で捨て置くことはできないと考えます。

『回顧録』では、北方領土返還交渉について、6ページほどを割いて触れていますが、ざっとした経過説明の域を出ていません。長期政権の最重要課題の総括としては極めて不十分と言わざるを得ません。一連の交渉に深く関わってきた谷内さんには、踏み込んで伺わざるをえません。未だに外交上の機密として封印されている箇所は除いて、公正、率直にお話しいただければと思います。

日ロの北方領土交渉は、ポスト・プーチンを見据えて、今後も続く重要な外交課題です。『安倍晋三 回顧録』はすでにベストセラーとなり、メディアだけでなくアカデミズムの世界にも大きな影響を与えています。ただ、この書に拠って、安倍時代の対ロ外交を論じるのは無理があります。語られていない箇所、敢えて触れなかった箇所が多すぎます。このままでは、この『回顧録』に基づいて、誤った教訓を引き出す者や、根拠のない批判をする人も出てくるでしょう。やはり、冷静に事実の空白を埋める作業が求められます。交渉の当事者として、内実に通じている国家安全保障局長だった谷内さんに真実を語ってもらいたいと思います。

谷内　手嶋さんの問題提起はわかりますが、私には荷が重いなあ。自分が関わっていない交渉もありますから。

それに、北方領土問題、ロシアとの平和条約交渉は、未だ解決されていない問題です。安倍さんが語っていないのも、まさにそういう問題であるから、具体的な交渉のことを話すわけにはいかなかったからでしょう。それを、私から述べるわけにはいきません。

手嶋　困難な外交交渉は、必ずといっていいほど政権内部の抗争と絡んできます。とりわけ北方領土交渉の歴史をふりかえれば、その時々の内政が色濃く映し出されています。第二次安倍内閣の対ロ交渉もまた例外ではありませんでした。そうであれば、官邸の中枢にあって領土交渉の采配を振るった安倍総理がいま少し内部を統御していれば、局面を打開できたかもしれないと思ってしまいます。外交オブザーバーの立場からいえば、対ロ交渉に臨んだ安倍総理のリーダシップは、いま一つ明確さを欠いたと言わざるをえません。

谷内　安倍総理は2018年11月にシンガポールでプーチン大統領と二人だけで会談した際に、お父さんの安倍晋太郎さんの逸話を語ったと、『回顧録』に書かれています。ソ連時代の1991年に、時のゴルバチョフ大統領が初来日した折、末期がんに冒された身体を押して晋太郎さんが会いに行き、「真の友好を育てましょう」と述べた。その場に安倍さんも付き従っていました。

安倍さん自身は、そういうお父さんの純粋な思いを受け継いでおられたと思います。北方領土については、自分の政権の間に何とか道をつけようと真摯に思い、外交慣例に逆らっても、自分からプーチン大統領のもとに幾度も赴きました。ところが、結果的には北方領土に関する事態は動かなかった。さぞかし無念の思いを抱かれたでしょう。ただ、そうなったことについては、客観的に見て、安倍総理の側に主な責任があったとは思いません。あれだけ誠意を持って、交渉に当たったのですから。

そもそも安倍政権は、ロシアに何ら悪いことをしてない。悪さをしないどころか、2014年のクリミア侵攻の際も、西側陣営のなかでは、日本はNATO諸国ほどの厳しい経済制裁は科しておらず、批判を受けたほどです。

手嶋　今後の対ロ交渉に配慮して、日本の制裁は形ばかりだったといっていいでしょう。

谷内　個人的には、ちょっと優しすぎると感じることもありました。

手嶋　そうまでして譲歩したにもかかわらず、北方領土の返還交渉は実を結ばなかった。ロシア側には強硬な反対勢力がおり、日本側には四島の一括返還を主張する保守派がいて、交渉を潰しにかかっていたことも影響したのは事実です。しかし、それだけでは説明しきれない謎がこの返還交渉にはまだ隠されています。それだけに挫折した交渉の過程を精緻に検証し、「その時何があったのか」を明らかにして、将来の教訓にすることが大切です。ロシア側に政変が起きれば領土交渉は再び始まる可能性があります。私はドイツ特派員として、コール首相が冷戦期を通じて東西ドイツの統一の機をじっと窺い、静かに準備を進めていたことを知り、外交の真髄を垣間見た思いがしました。

谷内　ただ、実際に外交の現場で取り組んできて、北方領土問題については、その時々の交渉も大事なのですが、そういう努力を超越した大きな壁があることも実感しました。

手嶋　しかし、中国が対ロ接近を続けるなかで、日ロの喉元に突き刺さったトゲを抜くことも重要です。ネバー・ギブアップと自らを励ますべきではないでしょうか。
谷内　確かにそのとおりなのですが、安倍政権で対ロ外交を進めているさなかに、米ロ関係がどんどん悪くなっていきました。「米ロ関係は冷戦終結後、最悪」といわれるほど悪化しました。北方領土交渉の揺り戻しとその軌跡はぴたりと重なります。日本の相手はあくまでもロシアなのですが、ロシアにはどうしても日米同盟が目に入ってくる。
手嶋　グローバルには、日ロ関係は、米ロ関係の行方に大きく左右されてしまうのも冷厳な事実ですね。北方領土に米軍基地を置くか否かという話はその端的な表れといえそうですね。
谷内　アメリカとロシアの関係が改善に向かえば、北方領土問題についても、もう少し温かい雰囲気が出てくる可能性はあるとは思います。ただし、これも現状ではまったく楽観はできません。『回顧録』にも、プーチン大統領のアメリカに対するクールな見方を示す発言が出てきます。「トランプとは話せる仲だと思う。でも、安倍さん、私は米国に対して、何の幻想も抱いてない」とプーチン発言が引用されています。当の大統領がいくら協調姿勢を示しても、国務省や国防総省はそんなに甘くない、とプーチン大統領は考えている。
手嶋　安倍さんは、外交慣例を破ってトランプさんの懐に飛び込んでいったのも、日ロ間の北方領土問題があることなど全く知らないトランプさんに、詳しい話は置くとしても何とか協力してもらいたいと考えて布石を打ったのではないでしょうか。
谷内　そういう思いはあったかもしれませんね。

あらためて考える「採録」の意味

手嶋　『安倍晋三　回顧録』のインタビュアーの一人でもある読売新聞特別編集委員の橋本五郎さんは、『回顧録』に関連して、「正義は一つではない」と発言しています。しかし、事実は一つだと思います。事実を確定して歴史として採録していく。これは『回顧録』の重大な責務となります。

谷内さんのように、現代史が紡がれていく現場に立ち会ったひとが、どんな形で事実を残していくのか、最後に、改めて考えてみたいと思います。

谷内　組織から離れたからといって、当然、機密情報の類を外に出すわけにはいきません。

手嶋　谷内さんとはずいぶんと長いおつきあいですが、思いおこせば、外交上の機密を教えてもらったことなど一度もないですね（笑）。苦情を申し述べたいと思います。

谷内　事実というものに関して言えば、例えば「何年何月何日に、日米首脳会談が行われました」「こういう人が同席しました」というのも、ひとつの事実です。そこで何が話し合われたかというのも事実でしょう。ただ、それがその後の日米関係にどういう影響を及ぼしたのかとか、他の第三国との関係でどうなったのかとかは、すぐれて歴史の解釈の問題になってきます。そこに意味があり、あえて言えば面白いわけです。

ところが、そうした解釈は、国や人によってそれぞれに違います。客観的にこれが正しい、こういう影響があって世界にとってプラスに働いた、というのも一つの解釈に過ぎません。さきほどの橋本発言に事寄せて言えば、いかなる正義の感覚を持って見るのかによって、解釈は変わってきます。考えてみれば、ディスインフォメーションなんていうのも、そういう一種の歴史相対主義に根差したものなのでしょう。国や人によるたちの悪さに差はあっても、避け難いものかもしれません。

手嶋　ただ、安倍外交の事実を選りすぐり、必要なものを採録していくことは、単に過去を振り返るだけでなく、将来の日本の舵取りに資するために欠かせません。ディスインフォメーションをもとに描かれた海図によって、日本という国があらぬ方向に漂流していくことなどあってはなりません。

谷内さんのように、重要な外交に携わったひとは、自ら成し遂げた成果について書き遺し、少なくとも誤解を糺《ただ》しておくことは必要です。そうしなければ誤った歴史が紡がれてしまいます。

谷内　安倍さん自身も自戒というか、注意しておられたと思いますが、回想の類はどうしても自慢話に傾きがちで、自分のやったことを美化したり、正当化したりというエレメントが入ってくるのを避けられない。自分にその気がなくても批判の対象になったりもするわけですから、私自身はそんな煩わしいことは勘弁願いたいというのが本音です。

手嶋　だとすれば、ジャーナリストや歴史家の責任はますます重いことになります。今日は、守秘義務に反さない、ぎりぎりのところまで踏み込んでお話しいただいたことは承知しています。

でも、まだまだ語るべき事実が数多くあるはずです。

谷内　はぐらかすような言い方をして申し訳ないのですが、自分が携わった安倍外交を正しく理解してもらいたいという気持ちは、当然持っています。ですから、きょうは可能な限り、協力させてもらいました。後は、その行間を手嶋さんたちのようなジャーナリストが取材力と解釈力で補ってください。

「著者ノート」から——語られなかった真実

手嶋龍一

本稿の執筆にあたって、高坂正堯著『宰相　吉田茂』（中公クラシックス）を改めて手に取ってみた。少壮の政治学者だった高坂が、月刊「中央公論」編集部の求めに応じて筆を執った初期の論考を中心に編まれている。吉田茂がサンフランシスコ講和条約の締結に心血を注ぎ、併せて日米安保条約を結んで、戦後日本の針路を定めた占領期の日本外交の軌跡が鮮やかに描かれ、現代の古典といっていい。

高坂は一連の著作のインタビューを通じて吉田茂の知遇を得て、新聞、月刊誌、テレビで対談を重ねるようになった。そして後には吉田茂の名で著わした『日本を決定した百年』（日本経済新聞社）の執筆を委ねられるほど篤い信頼を得たのだった。そんな外交史家、高坂正堯が、吉田が手がけた対米講和交渉の「知られざる一章」だった「無防備中立地帯案」について直に問いただした節が窺える。だが、大磯に隠棲していた吉田翁は韜晦《とうかい》に徹して遂に確たる答えを与えようとしなかった。

外政家吉田茂が、ジョン・F・ダレス特使の再武装の要求をかわそうと、外交当局に検討を命じた「幻の対案」の内実を遂に明かそうとはしなかった。歴史の決定的な場面に居合わせた者の多くがそうなのだろう。高坂の『宰相　吉田茂』も、月刊誌への掲載から書籍化、そして中公叢書と版を改めていったが、吉田が懐深く潜ませていた肝心の対案は吉田証言を引き出して加筆された形跡がない。当事者は黙して語らないのである。永く外交の現場で取材を重ねてきた筆者の体験からしても、高度な機密が絡んだ出来事ほど当事者の証言や覚書は残されていない。それゆえに決定の瞬間に居合わせた関係者は、精緻な証言を残して現代史の空白を埋める重い責務を負っているのである。

外政家に課せられた責務とは

「外政家にとって、議会はもっともつらい試練である。そこで得られるのは、せいぜい理解であり、賞讃は決して得られない。しかし、それにもかかわらず、議会における討論は外政家の責務なのである」

高坂正堯は『宰相　吉田茂』でそう記している。冷戦期の国会では、外交路線を巡って与野党が真っ向から対決した。とりわけ国会審議の華といわれた予算委員会の舞台では、外交・安保のスターたちが激しい論戦を繰り広げた。血潮がほとばしるような真剣勝負を筆者も幾度も記事にしたことがある。だが、いまの国会では、かつてのような光景は影を潜め、議会の質疑を通じて外交の実相が明らかになる場面は少ない。それだけに外交に携わり、現場に居合わせた者たちが、いまだ解明されていない首脳外交の核心に光をあてる営為が一層重要になっている。

『安倍晋三　回顧録』（中央公論新社刊）には貴重な証言もみられるが、こと外交の分野に限っていえば、語られていない場面も多い。安倍晋三氏が回想録のインタビューに応じた時点でも、関係者の多くは現役であり、現在進行形の外交交渉に影響を与えないよう配慮せざるをえなかったのだろう。だからと言って、機微に触れる箇所を殺ぎ落としてしまえば、真実の歴史を紡いでいくことはかなわない。たいまつを受け継ぐ者たちが過去の教訓から学べなくなってしまう。『安倍晋三 回顧録』の版元である中央公論新社から、安倍外交の司令塔にいた谷内正太郎氏と対論を試みてほしいと要請を受けた。安倍外交の分野で未だ語られていない空隙を埋めたいと企図したのだろう。

かつて、沖縄返還交渉をめぐって交わされた密約に関する同氏との対論も『中央公論』2010年9月号「対談 沖縄核密約は米国の罠だったのか 若泉敬が自裁してまで〝愚者の楽園〟に伝えたかったこと」に掲載され少なからぬ反響を呼んだ。佐藤栄作総理、若泉敬密使、ニクソン大統領、キッシンジャー補佐官の四人だけが、有事の沖縄への核持ち込みを定めた「日米の密約」に手を染めた。後の民主党政権は外務省内に密約解明の組織を立ち上げるように命じた。だが、外務官僚や有識者は「密約にあらず」と結論を下した。我々は詳細な根拠を挙げてその誤りを糺し、これこそが真正の密約であると断じたのだった。今回も編集サイドにはそんな期待があったのかもしれない。だが、結論を記せば、読者の期待に添う内容にはならなかった。心ある読者が本編を一読すれば、重要な欠落があることに容易に気づくはずだ。外交オブザーバーとしての立場から、このまま対論を公表するのでは責任を果たせないと率直に伝えた。だが、編集サイドのたっての要請もあり、筆者の内外にわたる独自の取材網を駆使して集めた情報を採録した「著者ノート」を併記し、本対論では何が欠落しているかを明らかにすることで公表に同意した経緯を正直に申し述べておきたい。

現代史の欠落部分とは

安倍回想録の外交パートを補ううえで、とりわけ欠落が大きいのは、初めての安倍・トランプ会談に至る経緯、北京の安倍・習近平会談の内実、そしてなにより北方領土交渉の三分野だろう。改めて指摘するまでもないが、外交とは外務省の専権事項ではない。そもそも現実の首脳外交では、外交の事務当局が直接関与していない分野も多い。先にあげた沖縄返還に関わる密約交渉がその典型だろう。安倍総理が主導したトランプ・タワー会談もまた同様だった。大統領就任前に電撃的に実現した安倍・トランプ会談には、外交当局は一部しか関与していない。とりわけ異例の会談がセッティングされる過程では、双方の側近が極秘裏に動き、ようやく実現したのが真相である。

この会談が行われた直後に筆者はワシントンD.C.に滞在しており、前例のない会談の実現に向けて奔走したトランプ次期政権の関係者からアメリカで最も格式高い社交クラブの一つであるコスモス・クラブで詳しい経緯を聞いた。初の安倍・トランプ会談こそ、その後の安倍外交の重要な拠り所となった。それゆえ首脳会談が実現する経緯は記録に値するのだが、本稿では煩瑣《はんさ》なので採録しない。

この安倍・トランプ会談を契機として、日米の首脳の間には特別な絆が生まれた。それは、単なる首脳同士の信頼関係の域を超え、現実の国際政局を動かす拠り所となった。2018年6月の米朝首脳会談がまさしくそうだった。トランプ大統領は史上初めて北朝鮮の金正恩総書記と会談することを決断した。だが、その開催場所を巡っては、トランプ大統領とホワイトハウスの高官の間には意見の対立が生じていた。当初は、韓国の文在寅大統領の強い働きかけもあって、朝鮮半島の軍事境界線上にある板門店に決まりかけていた。

だが、板門店での開催となれば、文在寅大統領が仲介役として重きをなし、北朝鮮の核保有について妥協的な合意がまとまる恐れがあった。トランプ政権のNSC（国家安全保障会議）の主要メンバーから「ここは安倍総理からトランプ大統領に、板門店ではなく、シンガポールで開催するよう強く働きかけてもらいたい」と異例の要請があった。この直後に、安倍総理とトランプ大統領の電話会談が行われ、トランプ大統領も「晋三がそういうなら、そうしよう」とシンガポール開催に落ち着いたのだった。モンゴルのウランバートルも一時は候補に挙がったが、通信環境も含めて設備が貧弱で見送られた経緯がある。

だが、ホワイトハウスの高官が自国の大統領を説得できず、その役回りを安倍総理に委ねるという構図はあまりに危うい。米政権で外交・安保を担うハーバート・マクマスター、ジョン・ボルトン、マット・ポッティンジャーといった高官たちは、本来、自分たちが果たすべき説得の役回りを安倍官邸に丸投げしてしまった。緊急避難的に安倍官邸に助けを求めたゆえに彼らは太平洋同盟の先行きに不安を抱いたにちがいない。確かに、超大国の外交としてはあってはならない事態だったが、安倍・トランプの絆が危うい綱渡りを可能にしたのも事実であった。朝鮮半島に、そして東アジアに生じたかもしれない戦略上の空白を安倍外交が辛くも埋めた事蹟として記録にとどめておくべきだろう。『安倍晋三 回顧録』にも正確に記述されていないのだから。

習近平発言の波紋

中国の習近平主席が外交の現場で素顔を覗かせる場面はまことに稀である。だが、2018年10月、北京で行われた日中首脳会談の後の晩餐会はそのレアケースだった。この場のやりとりは鮮烈だった。安倍総理も『回顧録』のなかで自ら習近平発言について触れている。

「自分がもし米国に生まれていたら、米国の共産党には入らないだろう。民主党か共和党に入党する」

政治家として現実の世界で力を振るうには、政党を拠り所にしなければかなわないと言ったのである。この発言を捉えて安倍総理は「建前上、中国共産党の幹部は、共産党の理念に共鳴して党の前衛組織に入り、その後、権力の中枢を担っているということになっている。しかし、この習近平の発言からすれば、彼は思想信条ではなく、政治権力を掌握するために共産党に入ったということになります。彼は強烈なリアリストなのです」と述べている。

だが、このくだりの前後ではさらに興味深いやり取りが交わされていた。安倍総理は生前、親しい財界人らにもこの習近平発言を披露していた。

「わたくしは中国人ですから、この国でもっとも政治的に影響力のある共産党に入る他に選択肢はなかったんです」

習近平主席は、だからこそ、自分が米国に生まれていれば、米国の共産党には入らず、大統領の座を狙える民主党か共和党に入っていたと明かしたのである。だが、居並ぶ中国共産党の重鎮たちは凍りつくような表情を見せたという。ふだんは表情を読ませない習近平が、こんなきわどいジョークを披露したのは、当時の日中関係に薄日が差しかけていたことを窺わせて興味深い。習近平発言を安倍総理が引き取って「あなたが日本に生まれていたら、きっと自由民主党に入っていましたね」と応じ、その場の空気が一気に和んだという。

北京での安倍・習近平会談を通じて、習近平主席の訪日が次第に固まり、国賓として皇居に招かれる流れができていった。日本側としては、令和初の国賓としてどの国の首脳を招くかに腐心していた。中国側はぜひ習近平主席をと望んだのだが、日本側は最重要の同盟国である米国大統領を招聘することに傾いていった。習近平主席には、20年の春、桜の咲く頃に来てもらうことで折衝が進んでいたのだが、香港の民主化運動が盛んになり、ウイグルで人権弾圧が相次ぐに及んで、米中関係は日を追って悪化していった。そうした状況下で中国の国家主席を国賓で招くことを疑問視する声が自民党内にも強まっていく。そして新型コロナの流行がとどめを刺す形で、習近平訪日は実現しなかった。

安倍・プーチンの領土交渉、暗転

父、安倍晋太郎外相が果たせなかった無念の思い――安倍総理にとってそれは北方領土交渉だった。それゆえ政権の座に返り咲いた安倍総理は対ロ関係を何としても動かしたいと考えた。第二次安倍内閣の発足当初は、対ロ交渉の先行きに手ごたえを感じ、曙光がわずかに射したと感じた時期もあったのだろう。だが、日ロの北方領土交渉はやがて暗転していく。そこには日米安全保障条約とその解釈が暗い影を落としていたのである。

国後、択捉、歯舞、色丹の北方4島が、たとえその一部であれ日本の施政の下に入った場合は、日米安全保障条約の定めに従って、日米両政府は協議を経て在日米軍基地を置くことが理論的には可能になる。だが、北方領土を引き渡すロシア側にとっては、安保条約に従って北方領土に米軍基地が置かれることは由々しき事態であり、到底容認できない。ウクライナがNATOに加盟し、安全保障の最前線がモスクワにさらに一歩迫ってくるのと変わらない。これではロシアが北方領土を日本に引き渡すはずがない。それゆえ、日本の外交当局は、この問題にあらかじめ決着をつけておく必要があった。

北方の島々が日本の施政の下に入っても、米軍基地ができるわけではない――日本政府としては、事前に外交ルートを通じてロシア側にそう説明する必要を感じ、具体的な準備に入っていた。

日米両政府の折衝を通じて「米軍基地は北方領土に置かない」という米側の保証を取りつけ、ロシア側に伝えて、モスクワの懸念を払拭したいと考えた。ところが、ロシア側は唐突にこの問題を公にし、それが躓きの石となって、日ロ交渉は目に見えて暗転していった。歯舞、色丹の2島の返還をまず実現し、日ロ関係を前進させたいという安倍内閣の思惑はこうして崩れていった。かかる不可解な事態がなぜ起きたのか。『回顧録』でもこの点には全く触れていない。真相はいまも深い霧のなかにある。

安倍第二次政権の発足当初は、プーチン政権から「領土問題を解決して、ロ日関係を良いものにしたい」という外交的なシグナルが出されていた。そのためまず経済面で日ロの協力を促進していこうという前向きの動きがあった。日本側はそれに応えて2016年5月、安倍・プーチン会談の席上で極東の産業振興や先端技術面の協力など8項目から成る「日ロ協力プラン」を提案し、プーチン大統領も賛意を示した。これを受けて、北方4島でも日ロの企業が連携して海産物の養殖や温室野菜の栽培を試みるパイロット・プロジェクトが動き出した。しかし、結果的には経済面での交流は懸案の領土交渉を動かすテコに少しもならなかった。

一方で日本側は、安全保障面のアプローチも同時に試み、北方領土が日本の施政の下に入った場合、法律の適用や具体的な運用をどうするのか、政府部内で詳細な検討を始めたのだった。その中心テーマこそ先に挙げた在日米軍基地の扱いであった。北方領土が日本に返されても、北方の島々に米軍基地を置くことなどあり得ない——それを念頭に置きつつ、安全保障分野の協議をロシア側に打診したのだった。

だが、ロシアのニコライ・パトルシェフ安全保障会議の書記の反応は意外なものだった。彼はプーチン政権の事実上のナンバーツーに近い実力者でありながら、「自分にはそんな問題を議論する権限はない」と言い切り、在日米軍の問題に関わろうとしなかった。日ロの協議では、米軍基地の扱いは公式の議題とならなかった。にもかかわらず、この時の協議に触れて、ロシア側から「北方領土に米軍基地を置くことがありうる」という議論があったという報道が一斉に流れたのだった。日本側にとってはじつに奇怪な出来事であった。

日本の外交当局は、「北方の島が日本の施政の下に入っても米軍基地を置くことはない」という方針を固めていたが、プーチン政権内の対日強硬派のなかで「日米安保条約は日本の施政の下に適用されるため、米軍基地が北方の島に置かれる」という巧みな情報操作が行われているという話を日ロの関係者から筆者も聞かされていた。

こうした日ロの情報戦は、インテリジェンスの観点からいえば、かなりハイレベルの〝ディスインフォメーション〟なのである。単なるフェイクニュースなら、すぐに嘘だと判ってしまう。だが、安保条約は日本の施政の下に適用されるという前段の部分だけを切り取ってメディアにリークすれば、その信憑性はぐんと高まるからだ。

日本の外交当局も事態を看過できないと判断したのだろう。モスクワに責任者を派遣してロシア側に説明を求めている。その結果、驚くべきことに、この偽りの情報は大統領府にも報告され、プーチン大統領の怒りを買っていた事実が明らかになった。いったい日ロの誰が、なぜ、かかる行為に及んだのか。真相はいまだに深い霧のなかに隠れたままだ。巧妙に仕組まれた陰謀劇は北方領土交渉の息の根を止めるほどの威力を秘めていたことは認めざるをえない。

ロシア側は、この出来事を機に、日本側が到底受け入れることができない条件を提示するようになっていった。具体的には、「北方領土は第二次大戦の結果としてロシアの正式な領土になったという事実を認めよ」「日本国内の全ての外国軍隊を撤退させろ」「平和条約の締結が先で、領土問題の解決はその後だ」という主張をことあるごとに繰り返すようになっていった。これらの主張は、日本側は北方領土交渉を諦めろと言っているに等しい。それだけに交渉暗転の経緯は詳細な記録に残して公表し、来るべき日ロ交渉の教訓にすべきなのである。

終わりに

安倍政権が幕を閉じて間もなく3年になり、安倍総理が凶弾に斃れて1年が過ぎた。『回顧録』の出版は、安倍時代とは何だったかを考える一石となった。だが、特定機密に関する法律などが壁となって、安倍外交の実像を確定する作業は遅々として進んでいない。外交オブザーバーの立場から言えば、法律で囲い込まれた本質的な国家機密などわずかにすぎない。一方で外務省が記者会見で明らかにし、公式のサイトに掲載している事実だけを拠り所にしては、事実の確定など多く及ばない。それゆえ、ジャーナリストや研究者は、安倍総理が親しい人々に漏らした事実などを丹念に拾い集めて裏をとり、歴史の全貌を再構成していく努力を続けていかなければならず、この「著者ノート」に記したファクトもその一助になればと思う。

だが、事実を事実として公にする作業が著しく困難な国がすぐ隣にある。香港を含めた中国がいま、強権国家の有力な武器にしているのが「反スパイ法」だ。中国の公安官僚が恣意的に使う天下の悪法を我々は手厳しく批判してきた。国家の安全や利益に関わる情報を漏らしたり、探ったりしたとして多くの人々が検挙されている。なかでも、最大の問題点は、何が国家機密なのか、その内実が少しも明らかにされていないことだ。にもかかわらず、中国の公民だけでなく、外国人にも法律は適用されて罪なき者が身柄を拘束されてしまう。

中国当局に逮捕され、有罪となった日本の日中友好団体の関係者は、「国営の新華社が報じていなければ国家の機密だといわれた」と証言している。だが、我々はそんな中国を嗤うことなどできない。外務官僚が恣意的に機密の線引きをし、ジャーナリストや研究者が、現代史の真相に迫ろうとしても、特定機密に触れる恐れがあると口を緘するケースが目立っているからだ。これでは外交はいつまでも国民のものにならず、後世に貴重な教訓を残すことがかなわなくなってしまう。高坂正堯がいま存命ならば、自由で民主主義を奉じる日本の政治とメディアは劣化していると嘆息するにちがいない。

黒川検事長問題、森友100万円授受の真相
——知られざる安倍晋三の「聞く力」

橋本五郎　読売新聞特別編集委員

はしもとごろう　1946年秋田県生まれ。70年慶應義塾大学法学部を卒業後、読売新聞社に入社。政治部長、編集局次長を歴任。2014年度日本記者クラブ賞を受賞。日本テレビ「スッキリ」などに出演。読売新聞書評委員も務める。著書に『範は歴史にあり』『総理の器量』など。

政治記者になって47年、自らに課してきたことがある。ジャーナリストには越えてはならない一線がある。それは現実政治のアクター（行為者）になってはならないということである。ジャーナリストはあくまでも政治の観察者であり、厳しい批評者であり、時代の証言者に徹しなければいけないということである。そしてこの世の「なぜ」に答えることを一番の使命にしなければならない。そう固く信じてきたが、安倍さんとの関係で何回かその禁を破ったことがあった。

黒川問題で側近からSOS

その一つが黒川弘務東京高検検事長（63）の任期延長問題だった。2020年5月16日午後、安倍晋三首相の最側近の人から電話があった。「検察庁法改正案を継続審議にするよう、安倍さんに話してくれませんか」と言う。この法案は菅義偉官房長官と杉田和博官房副長官扱いになっているが、政府の答弁はひどいし、定年延長の基準も全く出せないでいる。このまま進めたら、安倍内閣にとって大きな痛手になるというのである。

「だってあなたは安倍さんのすぐ側にいるんだから、私に頼むより直接安倍さんに言えばいいことでしょう」と言っても、「私が言ってもだめなんです。菅さんや杉田さんがやっているので安倍さんも強く言えないんです」と言うのだ。検察官の定年を63歳から65歳に引き上げる検察庁法改正案は厳しい批判を受けていた。内閣や法相の判断で検事総長や検事長の定年を最長3年延長できる特例規定が「検察の独立性」を侵し、政治の恣意を許すものとして、検察ＯＢだけでなく、各界の著名人も非難の声をあげていた。しかも、これより前に、黒川検事長の定年延長を閣議決定したことから、それとの整合性をとり、「官邸に近い」と言われた黒川氏を検事総長にする道を開くのが目的だと思われることになった。

側近の懸念には私も同様に思っていた。その気持ちはよくわかると、すぐ安倍さんに電話した。国家公務員の定年延長も検察官の定年延長も間違ってはいない。黒川さんを検事総長にするためというのもそうでないかもしれない。しかし、すっかり疑われてしまった。ここはいったん撤退するしかない。「もっと国民の理解を得るべく立ち止まって考えたい」。そう言って継続審議にすればいい。このまま強行すれば、内閣にとって大打撃になりますよと話した。安倍さんは、菅さんや杉田さんがどうしてもと言うんですよ、と弁解しつつ、よく検討して連絡します、と電話を切った。

安倍さんから電話があったのは翌日の夕方である。検察庁法改正案も国家公務員法改正案も継続審議にするよう菅官房長官に話しました。そもそも黒川氏の定年延長は稲田伸夫検事総長が杉田副長官のところに持ってきた話で、黒川さんを私はよく知らない。むしろ林真琴名古屋高検検事長をよく知っている。しかし、林さんは上川陽子法務大臣と合わずに名古屋に出された。そういう経緯があるので何も法案を強行することはない。ただ、自治労と野党が求めている国家公務員法の改正だけを通したのでは、いいとこ取りされるので、一括して先送りすることになった——という説明だった。

電話の内容を側近に伝えたところ、総理の指示を受けてさっき官房長官から森山裕国対委員長に電話し、明日総理と二階俊博幹事長が会談し、正式に継続審議にすることを決めることになったという。読売新聞は翌日の朝刊1面トップで、「検察庁法改正案見送りを検討」とやや控え目な見出しで報じた。午後2時半から首相官邸で安倍首相と二階幹事長が会談、「国民の理解が得られない状態では採決を強行できない」として継続審議にすることで合意した。翌日の各紙の報道では、見送りは「世論の勝利」と報じられた。しかし、どのようなプロセスで決定されたか、誰が最終的に決断したのかについてはほとんど報じられることはなかった。この間の事情について安倍さんは『安倍晋三 回顧録』(中央公論新社)の中で、こう述べている。

黒川氏の定年延長が批判を浴びたので、私は「検察庁法改正案は一呼吸置いて冷ましてからやればいいんじゃないか」と言っていたのですが、菅さんや杉田さんは強気でした。私は正直、思い入れがある法案というわけではなかったけれど、通常国会でやるべきだ、という2人の考えを全面的に否定するわけにもいきませんでした。

もし18日に検察庁法改正案の成立見送りを決めていなければどうなったのか。3日後の21日、この日発売の週刊誌で、黒川氏が新型コロナウイルスで緊急事態宣言が出ているにもかかわらず、産経新聞と朝日新聞の記者と賭け麻雀をしていたことが報じられ、黒川氏は辞任をせざるを得なくなった。賭け麻雀の男のために法案を強行したとして、安倍内閣への打撃はさらに大きくなったことだろう。継続審議にすることで、まだ首の皮一枚残すことができたのである。

安倍さんについては、「安倍一強」、「官邸一強」、「タカ派」などの言葉とともに、権力主義的なイメージで語られることが多い。しかし、「働き方改革」や「全世代型社会保障」などのように、野党の政策も積極的に取り入れるなどの柔軟さも併せ持っていた。「聞く力」があることを幾度も経験した。そうでなければ、133年の日本憲政史上最長の内閣をつくることなど不可能だったのである。

躊躇したコロナ初会見

2020年2月、政府のコロナ対策は迷走していた。2月25日、政府は大勢が集まるイベントについて、全国一律の自粛要請は行わないという方針を発表したが、安倍首相はその翌日、「2週間の中止、延期または規模縮小」を要請した。多分に後手後手批判を意識したものだったが、26日放送の読売テレビ「情報ライブ　ミヤネ屋」で私は、安倍首相のイベント中止要請は1日遅かった。最高指導者は「仁王立ち」になって、コロナを阻止するという姿勢を示す必要があると厳しくコメントした。これに対し、さまざまな反応があった。大学の同級生たちからは次々電話が入り、「仁王立ちには全く賛成だ。それを直接安倍さんに言ってくれよ」と言われた。いっこうに指導者の顔が見えないことに国民の多くがいらだちを覚えていることは明らかだった。

この日、大阪から羽田空港に着いて、自宅に向かう途中で、車から安倍さんに電話した。首相公邸で会食中だったらしく、1時間後、安倍さんから電話があった。記者会見でなくともいい。政府も全力でやるから、国民もどうか耐えてもらいたいというメッセージを官邸から発すべきだと伝えた。安倍さんは「自分もそう思っているが、秘書官が反対している。橋本さんからも秘書官に話して下さい」と言う。なんと弱気だろうとも思ったが、このときの状況について、後に『安倍晋三 回顧録』の中で、こう語っている。


秘書官や事務方は、基本的に、私が記者会見をする以上、新しい「玉」（具体的施策・政策の意）を探さなければならないと必死になるのです。新たな発信や対策、ニュースがなければ、やるべきではない、という考え方でした。

確かに、首相の記者会見は鬼門です。大失敗になる危険性が常にある。秘書官たちは、非常に正確性を重んじる。私の答えの中には、厳密に言うと必ずしも正しくないものもあるわけです。それをできるだけ少なくしたいから、記者会見は少ない方がいいと彼らは考えていました。

私は「別に『玉』がなくたっていいじゃないか」と言っていたのです。正確ではない答えでも、答え方によっては問題にならないでしょう。

でも、記者会見をするとなると、事務方は入念に準備するから、彼らに負荷がかかるのです。そこはチームとしての仕事だから、彼らの負担も考えなければならない。連日のように記者会見をするわけにはいかないのです。

電話ではここまでの説明はなく、「玉」がないというよりは、記者会見で厳しく批判されることを恐れているのではないかと思い、フランクリン・ルーズベルト米大統領に倣って「炉辺談話」の例もあるではないかと話した。ルーズベルトは世界大恐慌と第2次世界大戦下で、ラジオを使ってホワイトハウスから直接国民に呼びかけた。1933年から45年まで続き、国民を鼓舞することにあずかって力があった。首相官邸の執務室からの呼びかけは、安倍さんにとっても、むしろその方が新機軸になるかもしれないとも話した。

この日、経産相と厚労相、国土交通相の3大臣が経済3団体と連合のトップにテレワークや時差出勤などを要請していた。本来は総理がやってこそ効果があることではないかと話したところ、まったく知らなかったという。記者会見については「ともかく検討してみます」ということで電話を切ったが、コロナ対策では司令塔がなく漂流しているという感じさえ受けた。このあと秘書官に電話し、早期の記者会見が必要との考えを伝えた。

翌27日、安倍さんはコロナ対策本部で、全国の小中高校、特別支援学校を、3月2日から春休みまで臨時休校とするよう要請することを明らかにした。そして「こうした措置に伴って生じる様々な課題に対しては、政府として責任をもって対応する」と述べた。前夜電話で、総理が前面に立って呼びかけよ、それに伴う責任は政府がすべて背負うことを明らかにすべきであると話したことへの、これが返答なのかと思った。

案の定、突然の一斉休校要請には厳しい批判が出た。何の準備もなしに打ち出し、学校現場が混乱することや親の負担などに加え、子どもの教育を受ける権利を奪うものだという論さえ出た。これに対して安倍さんは、教育を受ける権利と子どもの命と、どっちが重要ですか、ということを考えた上での決断だったと反論、「それにしても調整不足だったのは事実でしょう」との回顧録での私の質問に、こう答えた。

走りながら考えたのです。1週間後に休校しましょうと言って、その間、ウイルスにちょっと待ってね、と言うわけにはいかないでしょう。その間に、1人でも子どもが亡くなったら、国民はものすごいショックを受けますよ。そんなことになるくらいなら、やり過ぎだ、という批判は喜んで受けます。休校を決めるだけのエビデンスがないとも言われましたが、世界中、初めて感染する病なのだから、そんなものがあるはずがない。だったら政治家がリスクを取るしかないでしょう。マスコミからは、メチャクチャなことをやっていると言われましたが、国民に危機感を持ってもらう上では、今でもあの判断は正しかったと思います。

私は全国一律の休校要請には疑問があった。しかし、政治の責任で、生じる課題に対応すること、そして指導者が全面に立ってやろうとしていることは評価した。「異例な事態には異例な対応」というのが危機管理の基本である。過剰なことをして結果的に杞憂に終わったと責められるより、何もしないで責められる方がはるかに責任は重いと考えたからだ。しかし、朝日新聞、毎日新聞などは文科相も反対しているとして、首相の独断を批判する論調を展開した。後手後手だと批判するかと思うと、今度は独断だと非難する。典型的な「ダブルスタンダード」ではないのか。国民民主党の玉木代表が首相の決断を評価した上で、むしろ首相に電話し、対策を求めたことが公平、現実的な態度として評価されていいのではないのかと思った。

安倍さんがコロナで初めての会見をしたのは2日後の2月29日だった。会見冒頭の15分の決意表明は評価できるものだった。説明不足であるとの反省の弁もあり、政治の責任者として、もたらされる結果のすべてを引き受け、ウイルスとの闘いへの国民の協力を求めた。この夜、安倍さんに電話、もっと反省があればよかったが、まあまあの出来だったと伝えた。安倍さんは、水曜日に、国民に直接訴えるべきだと言われたことで大きく変わったと言う。ということは、そうでなければ会見はさらに先送りされたのかと思うと同時に、安倍さんには人の意見を聞く耳があることも実感した。

100万円寄付は真実だったのか

2017年3月23日、参院予算委員会では、学校法人「森友学園」(大阪市)に国有地が鑑定評価額を大幅に下回る価格で売却された問題で、学園の理事長退任を表明した籠池泰典氏の証人喚問が行われた。籠池氏は改めて、「安倍昭恵夫人から100万円の寄付を受けた」と主張した。2015年9月に学園の招きで昭恵さんが講演に来た際、『安倍晋三からです』と言って寄付金として100万円くださった。鮮明に覚えています」と証言した。山本一太委員長は、安倍昭恵さんからの説明と食い違うとして詳細な説明を求めた。籠池氏は「講演会の前、園長室で封筒をかばんから出された。秘書らが同席していたが、人払いし、2人だった」と述べた。

籠池氏はさらに「昭恵夫人に10万円の講演料を用意し、お菓子の袋に入れてお持ち帰りいただいた」とも述べた。これに対しても、首相側は受領を全面的に否定した。籠池氏の長男は、いったんは安倍さんや昭恵夫人からの100万円授受を否定したが、その後の裁判の過程で、否定とも肯定とも言えないと言葉を濁した。依然「藪の中」の状況にあると言ってよい。

籠池氏の証人喚問に先立つ6日前の17日午前、安倍さんから電話があった。100万円を渡したなどということは絶対あり得ないと言う。「どうして絶対と言えるのか」という私の問いに、こう答えた。昭恵には何度も聞いた。絶対渡していないという。同行していた経産省出身の女性にも聞いた。籠池氏と昭恵さんが2人きりになったことはないと断言するので、安倍さんは思った。ひょっとしたら、昭恵さんが講演料として出された封筒の中身を見ないまま、「これはいただけません」と返した。実はその中に100万円が入っていて、それを籠池氏が首相夫人からの寄付と称しているのかもしれない。そう思って、そんな場面がなかったかどうか聞いてみた。しかし、それもなかったという。

この話は考えれば妙な話である。寄付をめぐる問題でしばしば見られるのは、寄付をした側がしたと言い張り、もらった側がもらってはいないと否定するケースである。首相夫人に寄付を受けたということが、いわゆる「箔《はく》」がつくことになるとはいえるが、奇妙なことに変わりはない。それが逆に籠池氏の話に信憑性をもたらすことになったのである。安倍さんには、「念には念を入れた方がいい。そもそも国有地払い下げという本質的な問題とは違う話なのだが、100万円の方が主になって報道されるとさらに安倍さんにとっては打撃になりますよ」と電話を切った。

この問題について回顧録では、「(籠池)理事長は野党に唆されて、つい「もらった」と口走ったんでしょ」と言うので、「それでも首相夫人として昭恵さんが軽率だったという批判は免れられません」と質した。安倍さんの弁解はこうだった。

致し方ない面もあるんですよ。昭恵の友人の娘が、森友学園の幼稚園に通っていて、その友人から誘われた話なのです。私が昭恵から森友学園の話を最初に聞いた時は、運営する幼稚園で園児に教育勅語を素読させているし、日本初の神道理念に基づく小学校の建設を目指すというから、なかなかのやり手だなと思ったのです。ところが、小学校名は安倍晋三小学校にしたいという話があったので、それはやり過ぎだと断ったのです。昭恵の名誉校長も実は断っているのです。にもかかわらず、籠池氏側は、その後も勝手に、安倍晋三小学校だ、昭恵が名誉校長だと吹聴していた。私の名前を利用して、寄付を集めようと思ったのでしょう。

事の真偽は別にして、一連の過程の中に、安倍さんの一面がはしなくも表れている。人間関係において、どうしても脇の「甘さ」が出てしまうのである。かつて私は、読売新聞紙上で、「拝啓　安倍晋三様」と題し、「非情の宰相になれ」と書いたことがあった。安倍さんは基本的に優しい男なのである。小泉首相が郵政民営化に反対した自民党議員を除名し、選挙で「刺客」を送ったことがあった。しかし、安倍さんは反対した「造反組」11人の復党を認めたことで有権者を騙したと批判され、内閣支持率は大きく下落した。これについて安倍さんは、回顧録の中で、小泉流の白黒二元論的な非情な政治はできないと心情を吐露している。

刺客を送り込むというのは、私は、日本的な方法ではなかったと思います。（中略）私は、相手を完全に打ちのめす殲滅戦はしません。マイナスもありますが、これは性格というか、生き方ですから。第2次内閣以降は、私情は捨てるようにしていましたが、私は割と、情を引きずってしまうところがあります。

それがまた、安倍晋三という男の魅力でもあったのである。安倍のため、安倍内閣のためと「無私の精神」で政権を支えた人たちが安倍さんに惹かれた理由のひとつであったのかもしれない。

第2章

当事者は語る

私はジョーカーではなく、ハートのエース

小池百合子　東京都知事

こいけゆりこ　1952年兵庫県生まれ。カイロ大学文学部社会学科卒業。アラビア語の通訳者やニュースキャスターとして活躍したのち、政界へ。92年より参議院議員、93年からは衆議院議員。環境大臣、防衛大臣、自民党総務会長などを歴任し、2016年、東京都知事に当選。現在2期目。

構成：南山武志

チャーミングな人だった

――小池さんは、第1次安倍内閣で総理大臣補佐官、防衛大臣を務められました。また、東京都知事として、新型コロナ対策や東京オリンピック・パラリンピック開催をはじめとする様々な課題に、安倍政権と協力体制を築きながら取り組まれるなど、安倍さんとの縁は浅からぬものがあります。そんな小池さんから見て、安倍晋三という政治家は、どんな人間に映っていたのでしょう。

ひとことで言えば、チャーミングな人でしたね。どんな話になっても非常に座持ちがいいというか、なんとなくその場にいる人たちの心を摑んでしまう。それができたのは、そういう人柄ゆえだったのだと思います。いつも早口で、楽しそうに話されるんですよ。

――お二人は、国会議員になられたのも同時期でした。

私は1992年に参議院議員に初当選して、翌93年の総選挙で衆議院に鞍替えし、当選しました。安倍さんもその選挙が初当選でしたから、「衆議院議員の同期」ということになります。

ただ、当時私が所属していた日本新党は、その選挙に勝って、細川護熙《もりひろ》さんを首班とする非自民・非共産の連立政権を樹立し、さっそく与党になりました。安倍さんは、逆に政権交代で野党の立場からスタートするという不思議なめぐり合わせではありましたけれど。

評価すべき長期政権の功績

――あらためて、安倍政権への評価をお聞かせください。

私はずっと安倍さんのことを応援していました。理由の一つは、日本では長年、民主党政権も含めて総理が毎年のように代わっていたことです。それ自体が日本の国益をそいできたことに危機感を覚えていました。毎年、G7サミット（先進7ヵ国首脳会議）のような国際会議のたびに、海外メディアから「日本はまた新しい首相なのか」と言われ、首相の写真を取り違えられたりしていた（笑）。国家としてのプレゼンスを明確にするのは、基本的に大事なことです。安倍さんは、長期政権を築くことで政策の一貫性と継続性をともに実現しました。

もう一つは、地球全体を見ながら日本の国益を考える思考に、自分と共通点があると感じたからです。その点は安倍さんも分かっていて、だからこそ、第1次政権の時に私を総理大臣補佐官に引き上げ、防衛大臣に任命されたのだと思います。

余談ながら、私はその前の小泉純一郎内閣で環境大臣を3年務め、これは今でも環境大臣として最長の任期だそうです。小泉政権が終わり、長きにわたる大臣職を解かれて、ほっとしたのも束の間。家に帰って靴を脱いだとたんに携帯が鳴って、画面を見たら「安倍晋三」と。「来てください」と言われて、また官邸に戻ったら、総理補佐官の就任要請だったのです。そんなバタバタがありましたから、当時安倍さんから言われたこともよく覚えています。

――どんな話をなさったのですか。

総理補佐官には5人が任命されたのですが、「あなたは国家安全保障問題担当です」と。役職名に「国家」の2文字が付いている。「これがポイントだからね」とおっしゃいました。他に「国家」が付くのは国家公安委員長くらいでしょう。その時には、日本が守らなければならないものに対する強い思いが、ひしひしと伝わってきました。

総理補佐官の仕事について述べさせていただけば、私が任されたことの一つが、日本版NSC（国家安全保障会議）の創設に向けた取り組みでした。それまでの「安全保障会議」では、例えば当時すでに問題化していた北朝鮮のミサイル発射についても、関係者が集まって防衛省から事後報告を受けるというスタイルで、国の安全保障を論じる場としては心許ない。これに対して日本版NSCは、目の前で起きていることや今後の動向を分析し、どう対処していくのかという国家戦略を官邸が中心となって議論、決定していく組織で、安倍さんは創設に並々ならぬ意欲を見せていました。

それに向けて、「国家安全保障に関する官邸機能強化会議」ができ、私は議長代理として、議員の人選や新たな組織の建て付けについての議論をはじめ、準備作業に中心的に携わらせていただきました。残念ながら、安倍さんが病気で総理を辞したため、日本版NSCの設立は一時立ち消えになってしまったのですが、第2次政権の2013年に関連法が成立し、日の目を見たわけです。

安倍さんは常々、太平洋はコモンズ、共有のものだと口にしていましたね。そういう地政学的、戦略的コンセプトをお持ちで、その一環として、私は日本の防衛大臣として初めてインドを訪れました。そんなグローバルな仕事を一緒にできたことは、今でも大変嬉しく思っています。

繰り返しになりますが、なによりも自らを通じて、あらためて日本の存在を世界に知らしめた功績には、大きなものがありました。安倍政権が長く続いたことが、国の内外で多くのメリットを生んだことは間違いありません。

「話が通じる政治家」だった

――小池さんを登用した安倍さんでしたが、『安倍晋三 回顧録』(中央公論新社)では、小池さんを「ジョーカー」だと述べています。「ある種のゲームでは、グンと強い力を持つ」「彼女は、自分がジョーカーだということを認識していると思います」と。安倍さんには、「手強い相手」という認識があったわけですが、この評価については、どうお感じになりますか。

私について言及していただいたことは、とても光栄です。ただ、トランプのカードにたとえるのなら、自分自身では「ハートのエース」だと思っています。(笑)

私は多くの永田町、自民党の議員のみなさんが考えないようなことを発想して、提案するんですね。クールビズ以外の例を挙げるならば、世界に比べてあまりにも遅れている女性参画の問題について、他の女性議員の方とも協力しながら議員連盟をつくるなどして、先頭に立って運動してきました。北極圏安全保障議員連盟や無電柱化推進議員連盟などを自分でつくって、仲間を集めて立法や政策の提案をするのは得意とするところです。最近では、東京都として今年の年初に、所得制限なく18歳までシームレスに、1人あたり月5000円程度支援するという少子化対策を打ち出しました。財源も確保しています。そういう従来の永田町の常識では収まらないところに、「手強さ」を感じられたのではないでしょうか。

――安倍さんの方には、ライバルという意識があって、少し警戒もしておられたようです。ご自身では、そうお感じになることはありませんでしたか。

はっきりライバル視されていると感じるようなことはありませんでしたが、お互いが異質な存在だったのは確かだと思います。安倍さんは、政治家の家系で英才教育を受けた政界のプリンス。片や私は、そうしたバックボーンも全くなく、「こうあればいいな」という政策を無手勝流《むてかつりゅう》に進めてきた人間ですから。ライバルうんぬんというのは、私が都知事になってからのことかもしれません。一緒に飲んだりして、ざっくばらんに話をしたり、政策などを直言したりするようなこともけっこうある間柄だったんですよ。

安倍さんが自民党総裁に返り咲いた2012年の総裁選の時には、石破茂さんや町村信孝さんも含めて、全候補者に女性参画についての嘆願書を渡しました。意思決定の場にもっと女性を登用してほしいとか、子育てしながら仕事ができる社会を実現すべきだとか、要求やプランを具体的に項目にして。安倍さんは「分かりました」と受け取ってくださって、のちの組閣（第2次安倍改造内閣）では小渕優子さんや松島みどりさんなど、多くの女性閣僚を起用されました。さっそく要請を受け入れてくれたんだなと感じて、嬉しかったですね。

総理になった安倍さんには、女性参画以外にも、いろいろと提案させていただきました。永田町の壁もあって全てが通るというわけにはいきませんでしたが、安倍さんからは「変えるべきものは変えていこう」という思いが十分伝わってきました。私からすれば、安倍晋三は「話が通じる政治家」でした。

「粘着質の保守」に挑戦

——お話にあったように、小池さんは非自民の日本新党から政界に進出し、その後自民党で要職を務められました。そうした経験も踏まえて、日本の保守政治の特徴はどこにあるとお考えですか。

テレビ番組のキャスターをやっている時に、「民間政治臨調」（政治改革推進協議会）に参加していました。「政権交代可能な政治」の実現を旗印に、経済界や言論界の有識者、超党派の国会議員などが結成した組織で、メンバーには、政治学者の佐々木毅《たけし》さんや日経連（現経団連）の会長を務められた鈴木永二さんをはじめとする錚々たる方々がいらっしゃいました。夜の番組を担当していたので朝早い会議は辛かったのですが、この集まりには大きな意義を感じて参加していました。

ある会合の時、メンバーのどなたがおっしゃったのか覚えていないのですが、「日本は粘着質の保守主義だ」という指摘があったんですよ。保守である以上、ある種のこだわりは必要でしょう。しかし、それは改革を拒むこととは違うはず。戦後から現在に至る日本の政治状況を言い当てていると思いました。

——小池さんとしてはそうした状況を自ら変えたいという思いで、政治家になることを決断したわけですね。

民間政治臨調の設置は、海部俊樹内閣が提出した政治改革関連法案の廃案を契機としたものですが、そこで議論に参加させていただく中で、今の政治を変えるためには、〝新しい波〟が必要なのだ、と痛感したんですね。そんな折に、新党を立ち上げるという細川護熙さんを番組のゲストにお迎えしたのがきっかけで、私も誘われて参加することになったわけです。

キャスターをしていると、選挙の際には、けっこうあちこちの政党から声がかかるんですよ。知名度という点では、有利でしょうから。自民党からも要請を受けていましたが、正直、既成政党にはあまり食指が動かなかった。1992年といえば、直前に湾岸戦争があり、バブルが崩壊し、冷戦が終結するなど、内外ともに激動の時代でした。へたをすると日本が世界から取り残されてしまうという危機感もありました。今必要なのは、過去のしがらみを越えて、新しい方向から切り込んで国を動かしていくことだろうと新党に飛び込んだ。そんなところです。

日本新党は、名前の通り地盤も看板も、そもそも議員もいない、さながらスタートアップ企業のようなものでしたから、私はコピー取りから、政策立案、キャッチフレーズを考えたりと、何でもやりました。リクルーターとして、日本全国を回ったりもした。各地の新聞社に顔を出して、「志を持つ人はいませんか」と。大変でしたけど、ゼロからのスタートは、とてもやりがいがありました。

――ただ、すぐに自民党が政権に復帰し、小池さんも2002年から16年に都知事になった後の17年まで所属されました。自民党というのは、どんな政党なのでしょう。

日本新党の発足、消滅以降も政治的には激動が続きました。毎年、年末は新党づくりに追われたり。自由党にいた頃は小沢一郎さんと連携しながら、自民党との連立政権の内側から政治を変えようと試みたりしました。結局、激務が祟り、短期間に2度も手術を受けるという体力的な不安もあり、お誘いを受けて自民党の一員になりました。

自民党についてひとことで言うのは難しいですけど、良くも悪くも融通無碍。結党以来、政権を担ってきたことで獲得したいろんな知恵が詰まっている政党だと思います。党内には、リベラル派から強固な保守主義者まで、様々な方がおられる。

ただ、さきほどふれた粘着質的な部分は抜きがたくあって、時に変革の妨げになっていることは否めないと感じます。私は今でもそうなのですが、守るべきものは守るけれども、変えるべきことは変える。政治にもそういうメリハリが重要だと思うんですよ。何でも守ろうとすれば、世界から立ち遅れ、結局衰退を招いて、守るべきものも守れなくなりかねませんから。

私自身の政治姿勢については、基本的には、さきほど述べたような少子化対策や女性登用の問題も含めて、国内的な課題については改革派リベラル。時代に合わせて、柔軟に変えていく必要があります。一方、安全保障をはじめとする外に向かってのテーマに関しては、保守的なスタンスを堅持していると思っています。「国益を守る」ところは、揺らいではいけないのです。

――小池さん率いる都民ファーストの会が、首都で大きな支持を集めました。今、同じく地域政党としてスタートした日本維新の会が勢いを得ています。この現象については、どうお感じになっていますか。

結局、日本の政治は「自民党か否か」という構造になっているわけです。では「自民党が嫌だ」となった時に、どこに行くのか。都政でも新たな選択肢があったほうがよいだろうと都民ファーストの会を立ち上げました。特に近年、ウクライナ戦争や緊迫化する東アジア情勢などを背景に、うんと左は選びにくい。メディアとの連携もいい維新がその受け皿になっているというのが現状なのだと思います。

女性活躍の真の意味

――女性参画のお話がありましたが、女性が政界で活躍するハードルは、依然として高いと思われますか。

私は、早くから女性議員や女性管理職の比率を30％まで引き上げるべきだ、という主張を掲げ、運動してきました。安倍さんもアベノミクスの成長戦略に「女性活躍」を掲げて、頑張られたと思います。ただ、現実を見れば、衆議院の女性議員の比率は1割をかろうじて超えたところで、世界標準との差は全く縮まっていません。世界経済フォーラムが公表している男女格差の指標「ジェンダー・ギャップ指数」の2022年のランキングで、日本は146ヵ国中、116位。中国や韓国よりも下です。

永田町で痛感したことの一つは、この世界のエネルギーは「嫉妬」の2文字でできている、ということです。しかもこれ、女偏ではなく男偏じゃないの、と(笑)。おかしなこだわりを捨てて協力すれば、国益に資することができるのに、と何度ため息をついたことか。女性はある意味現実的ですから、組織の中でその比率が増えるほど、意思決定に際して無意味な足の引っ張り合いのようなことは、少なくなっていくと思うのです。

海外では、議会の景色がとてもカラフルですよね。論より証拠で、議会の女性比率の高い国は、総合的な国力、政治に対する国民の満足度も高い傾向が見てとれます。そうしたフィンランド、スウェーデン、ニュージーランドなどの国々は、情報公開が進んでいて、風通しがいいのも特徴です。

特に北欧の国々は、税金も高い。そうすると、否応なしにタックスペイヤーの存在を意識せざるをえなくなります。結果的に情報公開が進み、人口の半分を占める女性向けの政策を重視すべく、女性議員比率も高くなる。そんなメカニズムも働いていると思います。

翻って日本の選挙事情ですが、選挙カーのウグイス嬢であったり、事務所の奥で「婦人部」としていろんな裏方の仕事をしたり。そういうまさに粘着質なところからは、なかなか脱しきれませんね。

――現状を変えるには、どうしたらいいとお考えですか。

政治に関して言えば、単純にまず女性の候補者を増やすことです。候補者がいなければ議員は増えませんから。これは当たり前の話で、各政党の本気度が試されていると思います。さきほど日本新党時代のリクルーターの話をしましたが、あの時も一人でも多くの女性候補を立てようと考えて、実行しました。

国会議員の女性割合が146ヵ国中133位という現状は恥ずかしい限りですが、それだけ〝伸びしろ〟があるとも考えられます。今年4月に行われた統一地方選挙では、東京23区で新しく3人の女性区長が誕生して、計6人になりました。全区長のうちの約25％ですね。都民ファーストの会でも、選挙のたびに積極的に女性候補の擁立に努め、それもあって都道府県議会で最下位に近かった都議会の女性比率は、今全国トップです。

都庁では私が任免権者として女性職員を積極的に活用し、都の審議会などの女性議員比率もすでに40％の目標をクリアしています。

やはり女性が意思決定の場に増えることは重要で、それが日本を活性化させるための一番の方策だと思うんですよ。企業が「女性管理職の比率を30％に」という目標を検討する場合にも、経営戦略として捉える必要があるのです。

安倍さんと女性政策について話をした時には、私は「これは男女平等、フェミニズムとは別の切り口です」とも申し上げました。人口の半分を占める女性の発想や判断が生かせる仕組みがあれば、組織の課題は、もっと解決しやすくなるはずです。成長の道筋も見えてくるでしょう。「女性の意思決定は、国力を伸ばしていくための要素、その比率拡大は経済政策です」と言うと、安倍さんは「うーん。なるほど」と唸っていらっしゃいました。「求む、女性候補。」という自民党のポスター案も作りましたが、東京都連のボスに即却下されて。

改革の意思をお持ちで、様々な政策面で分かり合えた政治家を失ったことは、残念の一語に尽きます。例えば、安倍さんが築いた日本のプレゼンスをさらに高めていくことができるのかどうか、残された政治家には多くのことが問われていると感じます。

「敵」と見なされても発言し続ける

石破　茂
元自民党幹事長

いしばしげる　1957年生まれ、鳥取県出身。慶應義塾大学法学部卒業後、三井銀行（当時）入行。86年衆議院議員選挙（旧鳥取全県区）で自民党から出馬し初当選。93年に自民党を離党し、新生党に入党。新進党結党に参加するも、97年に自民党に復党した。防衛庁長官や防衛相、農林水産相、地方創生相などを歴任し、現在12期目。自民党総裁選には4回挑んでいる。

構成：重松浩一郎（読売新聞政治部）

これまで見たことがない政治家

――安倍晋三元首相はどのような政治家でしたか。

特異な政治家でした。この仕事を37年間やってきて、いろいろな政治家を見てきましたが、安倍総理（元首相）のようなタイプの方は見たことがなかったし、今後もないでしょう。

例えば、『安倍晋三 回顧録』でも同じようなことをおっしゃっているようですが、「財務省は財政規律さえ守れれば国が滅んでも構わないと思っている人たちだ」「内閣法制局は憲法解釈さえ維持できれば国が滅んでも構わないと思っている人たちだ」と思っておられた。財務省や内閣法制局の官僚は極めて心外でしょう。私も多くの財務官僚を知っているし、地方創生相の頃に一緒に働いた法制局官僚もいますが、「国が滅んでも構わない」というような人は、私の知己にはいません。

敵はこうだと明示して、扇動を呼び起こし、賛同する者は厚遇する、という方法は、今まで誰もやったことがなかった。それを、安倍総理は貫かれた。それによって丁寧な説明が、ある意味不要になったのではないでしょうか。政治家同士、無二の親友である必要はない。大事なのは、政策を実現するために共闘できるかどうかということだと思っています。

安倍氏との齟齬

では、私と安倍総理は政策的に何が違っていたのか。要は憲法9条でした。

自民党は野に下った際、憲法改正推進本部に「第2次憲法改正草案」起草委員会を設けました。起草委員会はそれ以前にもありましたが、この時は野党だったこともあり、政府・与党の立場を離れて忌憚なく議論ができましたね。これまでの蓄積をベースに、真剣に議論したことをよく覚えています。私は全体の作業に関わったわけではありませんが、9条の部分は責任を持って作り、2012年に草案ができあがりました。

――草案は戦争放棄を定めた9条1項を継承する一方で、戦力不保持をうたった2項を削除しました。その上で1項が「自衛権の発動を妨げるものではない」として「国防軍」の保持を明記しています。

私はあれが議論の出発点であるべきだと今でも思っています。国の独立を守るのが軍隊で、国民の生命・財産や公の秩序を守るのが警察。同じ実力組織ですが性格は全く異なり、警察の強力版が軍隊ではない。だから、あえて軍という言葉を用いたのです。

加えて、この国には教育、農業、環境、宇宙など約50の基本法があるのに、安全保障の基本法はありません。集団的自衛権の行使を可能とする「国家安全保障基本法案」の概要は、12年7月の党総務会で了承されています。基本法を制定し、憲法改正が実現するまでの間はこれで対応できるようにすべきでした。

――安倍氏は17年の『読売新聞』のインタビューで、現行憲法の9条1項、2項を維持した上で、憲法に規定がない自衛隊に関する条文を追加することを最優先させる意向を示しました。

12年12月の衆議院議員選挙の公約で、自民党は憲法改正や国家安全保障基本法の制定を掲げ、政権を奪還しました。安倍総理の案では、党のこれまでの議論が否定されかねず、結局混乱を生じさせてしまいました。

そもそも1項、2項を維持して条文を追加するという意味が全く分からなかった。私は党憲法改正推進本部で10回ぐらい、「説明してください」とお願いしました。本部の幹部は「安倍さんに間違いなく伝えるし、機会があれば安倍さんが党に来て説明する」と言っていましたが、その機会は一度もなかった。

安倍総理と私の間の齟齬がどこにあったかと言えば、要するにそこでした。他のことは本質的な問題ではありません。

――党内手続きを経てまとめた憲法改正草案や国家安全保障基本法の制定が見送られ、一緒にやっていくのは難しいと思われたのですね。

そうですね。もちろん12年に政権を奪還した時には、抱き合ってとまでは言わないけど、一緒に喜び合いましたよ。あの時が最も心が通じ合っていた時期だったと思います。

14年に集団的自衛権行使の憲法解釈見直しをめぐる議論が党内で始まり、私は幹事長として参加しました。この時点で、私と安倍総理の考え方には違いがありました。

――安倍氏は集団的自衛権の行使を厳しく限定する方針だったのに対し、石破さんは集団的自衛権の行使を全面的に認める国家安全保障基本法を早期に制定すべきだというお考えでしたね。

「ごく限定的な集団的自衛権の行使」はファーストステップとしてはあるかもしれないが、私は著しく不満でした。

14年に安倍総理から「安全保障法制の担当相をやってほしい」と言われた時、私はお受けする条件として、「一つだけお願いがあります。『安倍内閣としては、集団的自衛権の行使をこれ以上拡大しようとすれば、憲法改正が必要だ』と言ってください。『安倍内閣としては』の一言があれば、安倍内閣の一員として国会でいくらでも答弁してみせます」と安倍総理に伝えたのです。そうしたら、安倍総理は突然、「そんなことを言うんだったら、君が首相になってからやったらいいじゃないか」と怒り出された。それでその話はなくなったのです。

安全保障法制の担当相をそのまま引き受けていれば、安倍総理の覚えはめでたかったかもしれない。でも、憲法に対する考え方が違えば、自分の考えを否定するか、内閣不一致で迷惑をかけるか、ということになる。どちらもできませんでした。

『回顧録』は読まない

――『回顧録』で、安倍氏は石破氏から谷垣禎一元総裁への幹事長交代について振り返り、「仮に自分の派閥を大きくするとか、自分の総裁選の準備のためにお金を使っていたとしたら、それは看過できない」と述べています。

お断りしておきますが、私は『回顧録』は読んでいないし、読む気もありません。事実かどうか分からないし、もはや確かめようもないからです。それを前提とした感想でしかありませんが、そんな疑念があったことに驚いています。確かに幹事長には、自民党の資金の使途に関する最終的な権限があります。だからこそ国政選挙も含め、安倍総裁には細かく相談をしていました。自分のためにお金を使ったことなどないことは、総裁が一番よくご存じだったと思います。

――安倍氏との一騎打ちとなった2018年総裁選で、石破さんは森友・加計学園問題を念頭に「間違いは間違いとおわびする姿勢が必要だ」と安倍氏を批判しました。安倍氏は『回顧録』で、「石破さんも、獣医学部新設の問題にはかかわっていたでしょう。15年の地方創生相・国家戦略特区担当の時、石破4条件（中略）を決めて、事実上、獣医学部新設の申請を認めにくいようにしたわけです。獣医師会の政界工作に従って、要望を聞いてあげたということではないですか。だから総裁選の途中から、彼はあまり「公平」「公正」を主張しなくなりました」と語っています。

本当にもう、いい加減にしてくださいよ。どうしてそうなるかな。本人がそう思っていたのか、周りにそう吹き込む人がいたのか、分からないけどね。

石破4条件と言いますが、あれは閣議決定ですから、言うなら「安倍4条件」なんです。①既存の獣医師養成と異なる構想の具体化、②新たな分野での獣医師の具体的なニーズが明らか、③既存の大学・学部では対応が困難、④獣医師の需要の動向も考慮しつつ全国的見地から15年度内に検討――の四つの条件を満たしていれば承認する、満たしていなければ承認しない。それだけのことです。

むしろ私は、総理大臣主催の「桜を見る会」で、安倍総理がご自分の後援会を優遇するようなことを結果的に税金を使ってやっていたとしたなら、そこについては真摯におわびすべきでは、と言ったつもりです。勲章や褒章はもらわないけれど、世の中のために一生懸命、頑張ってきた人たちを総理大臣が招くのが会の趣旨だったはずですから。

――総裁選や人事をめぐっても、石破さんに対する安倍氏のあらわな対抗心が見受けられました。

権力闘争みたいなものでしょう。安倍総理にとっては敵を作り出すことが大事だった。その敵として財務省や、内閣法制局、そして私が挙げられていたんじゃないかな。『回顧録』で安倍総理が言ったとされているようなことを、私は考えてもいません。

18年の総裁選では、北海道胆振《いぶり》東部地震への対応を理由に、選挙期間が実質的に短縮されました。このように、自分の権力を絶対化するためにはルール変更も辞さないという、安倍総理の執念のようなものは時折感じました。何をやってもいいが、それによって国がどれだけ良くなるのか、人々がどれだけ幸せになるのかという点を、安倍総理と共有できなくなっていったような気がします。

――安倍氏が存命であれば、反論していましたか。

そうお考えだったことが事実なのであれば、「そういう考えで、この国の政治を動かしていたんだ」と思うだけです。幹事長、地方創生相としてそれぞれ約2年、安倍総理にお仕えした私が考え方自体に反論したら、安倍総理の残されたことに傷が付く。そんな児戯に等しいことはやりたくないです。

私が思う保守の本質

――「安倍一強」とも称された安倍氏への権力集中は、安倍氏個人の手法や資質によるものでしょうか。それとも、平成の政治改革を経て自民党執行部の力が強まった中で生まれたものだとお考えでしょうか。

それはやはり前者でしょう。小選挙区比例代表並立制が導入された後、安倍総理のような権力の使い方をされた方はおられませんでした。２００５年の衆院選で、郵政改革関連法案に反対した議員の選挙区に「刺客」を立てた小泉純一郎総理はやや安倍総理に近かったかもしれないが、福田康夫総理、麻生太郎総理は一切、そういうことはされなかった。

要は、制度をどう運用するかです。好き嫌いや、自分の権力のためになるかどうかで公認を決めるような制度運用は絶対にしてはならない。

13年の参議院議員選挙で、幹事長だった私は安倍総裁から「静岡と広島で自民党として2人候補者を擁立したい」と強く言われました。私は「成功する確率が低すぎます。自民党で2議席を独占しようと思えば、票をきちっと二つに割る必要がありますが、地元の体制としてそれは無理です」と反対しました。安倍総裁は最後までこだわっておられましたね。理由は分かりません。

第1次安倍内閣で安倍総理を批判したとされる広島選挙区の溝手顕正《けんせい》・元国家公安委員長（23年4月に死去）は、結局その後の19年参院選で落選されました。

——安倍氏は、郵政民営化に反対して離党した「造反組」を復党させた自身は情にもろいとも話しています。

そういう面はおありだったと思います。一方でたてつく者には冷厳でした。それは本来の保守の持つ寛容さとは違ったのだろうと思います。

——石破さんは「保守の本質は寛容」と常々おっしゃっています。

今の社会を守っていきたいというのが保守で、守っていくためにはいろいろと変えていかねばならない。変えるにあたっては相手の立場を尊重する。人々の声に常に耳を傾けて自分たちに誤りがないか確認し、誤っているのであれば是正する勇気を持つということだと思います。「保守の本質は寛容」というのはそういうことです。

政界の変化

——岸田首相は宮澤喜一首相以来、30年ぶりの宏池会出身の首相です。宏池会は旧経世会（田中派）と並び保守本流とされてきた派閥ですが、2000年以降は麻生氏を除いて、森喜朗、小泉、安倍、福田康夫、安倍各氏と清和政策研究会（以下、清和会）出身の首相が続きました。清和会は所属議員が100人に上る党内最大派閥になりました。

清和会も、安倍総理に見られたような体質をずっと持ってきたかと言えば、そうではない。例えば福田総理は、非常に厳しいが、保守らしい寛容さを持った総理でしたし、私は今も尊敬しています。なので、清和会の思想的源流というのは、今もよく分かりません。みなが政策集団として右寄りの思想を持っているというわけではないでしょう。

私がかつて所属していた田中派もそうだが、大きくなった派閥がやがて分裂するのは歴史の流れです。

——自民党、あるいは政界全体が右傾化しているわけではないということですか。

議員一人一人の心の中は分からない。少なくとも安倍政権が、憲法改正をはじめ右寄りとされる政策を次々と選択したということはありませんでした。右寄りの印象を受けるとすれば、その言動によるものではないかと思います。

私は小泉内閣で防衛庁長官になった時には「軍事オタクの極右」と言われました。それが今や「軍事オタクの極左」ですよ。私の言っていることは何も変わらないのに。世の中の座標軸が右へとずれたのかもしれません。

——安倍氏が亡くなって以降、党内でどのような変化を感じますか。

あまり感じません。安倍総理が8年間の長きにわたって作られた「安倍体制」のようなものが残っている気がします。党運営も異論を挟む者は登用しないという、一種の減点主義が定着している感があります。党内で『回顧録』がよく読まれているのも、それが安倍総理の遺言のように受け止められているからでしょう。
私が自民党の政調会長や幹事長だった頃の総務会は、30分で終わるなんてありえなかったが、今の総務会で発言するのは私ぐらいですよ。議論することにあまり意味を見いださなくなってきたのかもしれない。「物言えば唇寒し」「寄らば大樹の陰」「雉も鳴かずば撃たれまい」……。「物言わぬ自民党」が文化になりつつあるのかもしれません。

――4月の統一地方選では、日本維新の会が躍進しました。地方政治の現状をどう見ていますか。

維新は地方において従来の自民党と同じような、知事、市長、議会の多数派を取り、その地域の権力を手に収めていくという手法を使っています。自民党には嫌気が差した、かといって立憲民主党にはとても任せられない、という層の受け皿になるのは当然のことでしょう。大阪から奈良、和歌山、兵庫へと着実に支持を広げている。政治が変わるとすれば、地方からかもしれません。
それでも自民党は、下野するような痛い目に遭うまで、変わらないかもしれないな。自民党が平時に変わったことがありますか。

――前回の21年総裁選には出馬されませんでした。もう一度挑戦し、党の文化や政策を変えたいというお気持ちはありますか。

立ち上がって「俺は行動したぞ」と言ってみても、世の中を変えることができなければ、自己満足に終わってしまう。自分が総裁になりたいわけではなく、世の中を変えたいのです。

前回の総裁選では河野太郎さんを応援しました。それは岸田さんが「安倍さんのやり方を継ぐ」と、かなりはっきりと言われたからです。河野さんと私が出て批判勢力が二つに分裂するより、一つになった方が世の中や自民党をより変えやすいだろうと思い、そうしました。

次の総裁選はどうするか。半年後、1年後のことなど分かりません。1年前の今頃、安倍さんがおられなくなるなどと、誰が想像したでしょうか。自分がやるにせよ、人を支えるにせよ、「あれも知らない」「これも知らない」というようなことがないようにしておくだけです。

「対立の岸」と「融和の池田」一人二役をめざしていた

谷垣禎一　元自民党総裁

たにがきさだかず　1945年東京都生まれ。東京大学法学部卒業。83年に衆議院議員初当選。自民党政務調査会長、幹事長などを歴任した。2016年の自転車事故で頸髄を損傷し、17年に政界を引退。電動車いす生活を送る。著書に『谷垣禎一の興味津々』など。

構成：柳瀬　徹

「最後の一里」のあとで

――『安倍晋三 回顧録』には国内外を問わずさまざまな政治家が登場しますが、2006年の総裁選で争うまでは「あまり縁がなかった」とされている谷垣さんについての言及が、読み進むにつれてどんどん増えていくのが印象的でした。

最近は目が疲れやすくて、まだ全部を読み通せてはいないのですが、政策面でも「宏池会、財政規律重視、ハト派」で縁遠かったという私への評価は、ほとんど私が安倍さんに抱いていた印象の裏返しです。

ただ、安倍さんとかなり緊密に連携して活動されていた故中川昭一さんは、私にとっても麻布中学・高校の後輩でしたので、彼を通じて安倍さんの考えは伝え聞いていました。若くして小泉純一郎政権で自民党幹事長に抜擢され、重責を担い非常に苦労をしておられましたので、政治活動を共にすることはなくても敬意を持って見ていました。

――谷垣さんへの評価が変わった契機が、自民党が野党だった12年9月の総裁選で安倍さんが選ばれた後、谷垣さんが両院議員総会で行った挨拶だったとされています。総裁を退かれる谷垣さんが、「百里の道も、九十九里をもって半ばとす。この一歩こそ、乗り越えなければならない。安倍新総裁は、この

最後の一歩を乗り切れる」と団結を求め、万雷の拍手を受けるのを見て、谷垣さんに絶対に入閣してもらわなければならないと思った、と。

必ず政権を取り戻してほしいという願いを託したのがあのスピーチなんですけど、振り返ると少し変なんだよな（笑）。「九十九里をもって半ばとす」なのだから、最後の一「里」を乗り切れる、としなければいけなかった。

――政権交代はほぼ間違いないところまで来ていましたが、それでも「最後の一里」は簡単ではないぞと、党内を引き締める意味もあったのでしょうか。

何が起こるかわかりませんから。安倍さんが凶弾に倒れた後も、当然のように反テロリズムの機運が高まるのかと思いきや、世間の関心はどんどん旧統一教会に向かいました。それも重大な問題であることは言うまでもありませんが、それにしても人心はどう動くかわからないと改めて痛感しましたね。

――第2次安倍政権では法務大臣を務められました。

3年も「野党」の総裁をやって、最後は党内も宏池会（谷垣氏の出身派閥）もガタガタしていましたから、政権を奪還するためには身を引いたほうがいいと判断して、総裁選への再出馬を取りやめたわけです。なので私はもう役職に就くつもりは毛頭なくて、総裁選後は毎日のように自転車にまたがっていました。（笑）

ところが、ある議員の「励ます会」に出席した際に、控え室で安倍さんから、「何も引き受けないとおっしゃっているそうですが、困ります」と言われたんです。どうやら安倍さん側の誰かから、有隣会（旧谷垣派の議員を中心としたグループ）に入閣の打診があって、私が知らないうちに断ったことになっていたらしい。安倍さんからは「防衛大臣をやって、平和安全法制に取り組んでほしい」と言われましたが、ずいぶん昔に防衛政務次官を務めてからあまり勉強していなかったし、社会人としてのスタートは法律家だったものですから、「最後に法務大臣をやらせてください」とお答えしたんですね。本当はしばらくのんびりしようと思っていたのですが。（笑）

必要と考えれば左派的な政策も

——14年9月には、総裁経験者として初めて幹事長に就任されています。

こんなことを言っては石破茂さんに失礼にあたるのですが、法務大臣として安倍首相と石破幹事長とのコミュニケーションを横目で見ていると、どうも波長が合っていないように感じられました。やっと政権を取り戻したのに、中心の二人が意思疎通できていないのはまずいと思っていたんです。安倍さんから幹事長就任を打診されて、初めはやはりお断りしたのですが、二人で話すうちに、内閣と党が一体となって成果を収めるためにできることをやろうと思いました。安倍さんには「総理、せめて週に1度は二人で昼飯くらい食べましょう」と言いました。

——15年に成立した平和安全法制関連2法（安全保障関連法）をめぐっては、官邸や国会議事堂を取り囲むような大規模なデモが起こるなど世論は二分し、内閣支持率も大きく低下しました。法案可決後に、

「次はみんなが協調できる政策を打ち出してください」と安倍さんに進言なさったそうですね。

戦後日本の新憲法体制の中で、最も強い政治的対立の根源となってきたのは、やはり憲法改正や解釈の見直しでした。安倍さんの祖父にあたる岸信介首相は、激しい批判と対立を乗り越え60年安保改定を成し遂げましたが、長い歴史の中で見れば改定は必然であったし、必要だったと私は思います。岸首相の後を受けた池田勇人首相は、所得倍増計画を掲げて国民に鼓腹撃壌《こふくげきじょう》（善政が行われ、人々が平和な生活を送るさま）をもたらし、政治的対立を豊かさでもって融和に変えました。

安保関連法成立後の安倍さんとの昼食の席で、私は「岸・池田両総理の役割を果たしてくださ い」と伝えました。すると安倍さんは即座に、「まったくおっしゃる通りです。いや、実は今日、私もそのことをお伝えしようと思っていました」とおっしゃる。あれれ、と思いました（笑）。あれだけ党内、党外を問わず政治的対立を鮮明に打ち出してきた人で、歴代首相の中でもあれほどアジ演説が上手な人はいないと思うくらいですが、その安倍さんがこれからは融和が必要だと考えていたことは、正直言って意外だったんです。

——たしかに意外ですが、安保関連法成立直後に掲げた「1億総活躍社会」や女性活躍推進法、17年の衆院選で打ち出した「全世代型社会保障」など、以降の安倍さんはいわゆる「タカ派の保守政治家」というイメージとは肌合いの異なる政策も打ち出していますね。このあたりは谷垣さんの進言もあってのことなのでしょうか。

政策の基本線は、すでに安倍さん自身が考えていた様子でした。そもそも、安倍さんが議員になって初めて就いた役職は自民党の社会部会（現在の厚生労働部会）長で、社会保障に関するセクションの長でした。その経験が首相としての施政にどれほど生かされたかはわかりませんし、保守的というよりも右派的と言っていい政治思想があったことは間違いありませんが、必要と考えれば国民皆年金・皆保険というきわめて左派的な政策も推し進めるところに、安倍さんの特質があるとは思いますね。

そもそも皆年金・皆保険なんて、かつての日本社会党の思想を自民党がパクっちゃったと言ってもいいわけです（笑）。実現するためには財源を確保しなければならないわけで、そのために消費増税を行うと自民党が言い出したことを、社民党や立憲民主党はもう少し評価してくれてもいいと思うのだけど、まあこのあたりは自民党がしたたかというか、ズルいところではありますね。

保守本流の現在地

――谷垣さんが属しておられた宏池会は、創設時の名を残す唯一の派閥であり、党の内外から保守リベラルの本流とみなされてきました。吉田茂が率いた自由党の流れを汲み、創設者の池田勇人から現在の岸田文雄さんまで5人の首相を輩出した名門ですが、1993年の野党転落以降は合従連衡《がっしょうれんこう》も頻繁に起こり、影響力も低下したように映ります。

一方で傍流と見られてきた清和政策研究会は２０００年に森喜朗首相、01年に小泉純一郎首相を誕生させるなど勢力を拡大し、政権交代と、やはり清和政策研究会出身である安倍さんの長期政権を経て今や最大派閥となっています。岸田さんは、実に30年ぶりの宏池会所属の首相です。時代の流れの中で宏池会の立ち位置は、かつてとは大きく変わったとお考えでしょうか?

吉田茂、池田勇人、大平正芳、鈴木善幸、宮澤喜一という宏池会出身の首相の流れができた背景には、日本が敗戦国であったという重い事実があったのだと思います。

私は京都2区から選出されましたが、父である専一が出馬する前は、芦田均《ひとし》先生（元首相）の選挙区でした。そんな出自もあって、芦田先生が当時何をお考えになっていたのかを、常に考えながら政治活動をしてきました。それは第二次大戦後の体制の中で、敗戦国をどうやって再興し、新たな国家として立ち上がらせるかという難しい課題であったと思うんです。

GHQ（連合国軍最高司令官総司令部）の統治下にあって、やるべきこともやりたいことも大きく制限される中で、独立回復への最短ルートを策定しなければならない。同時に、新しい国際秩序の中での日本の立ち位置も見据える必要がある。おそらくは今起こっているロシアとウクライナの戦争についても言えることですが、戦後の新しい秩序を見据えながら国内の復興を果たしていくことを、敗戦国のリーダーは考えなければならなかったはずです。それこそが、宏池会の思想の原点にはあるのだと思います。

20世紀の終わりあたりから宏池会の結束が弱まっていった背景には、戦後処理のかなりの部分が終わりつつあったことと、東西冷戦体制が崩壊したことの両面がありました。そして今や、ポスト冷戦体制も崩壊していると言っていいでしょう。国際社会はウクライナ侵攻後の新しい戦後秩序を作り直さなければならず、宏池会の思想もまた変容していかなければならない。岸田首相の示すヴィジョンが明瞭でないとするならば、変容のただ中にある宏池会の思想を、岸田文雄という人物が体現しているからだとも言えると思います。

――日本はG7広島サミットの議長国を務めましたが、国際秩序の構築にどのように関わるべきなのでしょうか。

まずは早く戦争を終わらせることに尽力しなければなりませんが、同時に戦後秩序構築で果たせる役割を構想しなければなりませんし、新しい秩序が日本にとって不利なもの、割の合わないものであっては困るわけです。その行動が足元の選挙にどのような影響をもたらすかも考えなければなりませんし、非常に難しい判断を迫られていると思いますね。

リベラルへの忌避感

――安倍さんが亡くなってもうすぐ1年になりますが、防衛費増額を「国民自らの責任」と発言するなど、岸田首相の言動にも安倍路線の踏襲が感じられる一方で、安倍さんの後継となる清和会の新会長は決まらないままです。政界全体がいまだに安倍さんの存在を強く意識しているようにも思えます。

「安倍一強」の理由はいくつかあると思うのですが、自民党が野党に転落したあたりから、いわゆる右シフトの動きが強まっていたように思います。インターネットに溢れていた極右的な思考と同調するかのような自民党議員の発言が、政権交代後にずいぶんと増えたことは感じていましたが、その動きに野党総裁としての私自身、少し鈍感すぎたのかもしれないなという気はするんですね。

――党内で保守リベラルの存在感が薄れてきていた、と。

そうですね。ただそれは自民党内だけではなく、日本国内でも世界でも、リベラル的な政治思想を切り崩す力が働いているような気がするんです。それはトランプ旋風もそうでしたし、習近平やプーチンの強権的な政治手法にもはっきりと見えると思います。ウクライナ情勢にしても、NATO（北大西洋条約機構）とロシアの争いという冷戦期の対立構造に逆戻りしている側面がありますね。

まだ読んではいないのだけど、自由民主主義の優位を説いてきたフランシス・フクヤマが書いた最新作『リベラリズムへの不満』では、リベラリズムが左右両派から激しく批判されている状況を論じているそうですね。ことに「グローバルサウス」と呼ばれる新興国、途上国の人々は、欧米諸国が掲げてきたリベラリズムの傲慢さに強い不満を抱いているのではないでしょうか。

フクヤマは今、「寛容の実践」を説いているそうですが、「寛容と忍耐」は安保闘争での対立を乗り越えて所得倍増を達成するために池田首相が掲げたスローガンでもあります。幾多の宗教戦争、宗教改革を乗り越えて醸成された西欧の政治思想で最も重要なものも、寛容だったはずだと私は思うのですが、ムハンマドの風刺画からシャルリー・エブド襲撃事件が起こったときのフランス国内の反応を見ても、寛容さや相互理解を欠いたまま表現の自由ばかりが擁護されていたように思いました。

——安倍さんが池田的な融和を考えていたという話もありましたが、その政治手法は寛容よりも対立に重心を置いていたように思います。

安倍さんがどうお考えだったのかはわかりませんが、対立点を明瞭に示したほうが、政治が活性化するというお考えがあったのではないかと思います。あくまでも私の想像ですが、対立があるのにないかのように見せるのは偽善である、それくらいの思いがあったのではないでしょうか。たしかに国民的な議論を喚起するという側面はあったと思いますが、かといってトランプ前大統領が良い方向に政治を活性化させたと言えるのかは疑問ですよね。対立がもたらす分断に、皆が疲れを感じているのではないかと思いますね。

「不均衡」を乗り越える政治

——自民党の保守本流が健全かつ寛容な勢力であるためには、対抗する野党の力も重要だと思うのですが、かつて野党の総裁を務められた谷垣さんの目に、現在の野党はどう映っていますか。

我々の修行時代は、野党の代表といえば日本社会党でした。向坂逸郎《さきさかいつろう》と宇野弘蔵が理論化したマルクス経済学を支柱とした社会主義協会（平和革命を主張する労農派の理論研究集団）が、イデオロギーの中心にあったわけです。社会党の事務局もほとんど社会主義協会の会員で、党運営や国会対策もかなりしっかりやられていましたが、その後の離合集散を経て、共産党を除く野党では事務局の力が弱まっている気がします。とくに民主党政権は、国会議員だけで政治をやろうとしたためにうまくいかなかったように思います。自民党と野党の地力の差は、そこにもあるのではないでしょうか。今はイデオロギーを脇に置いて、自民党に対抗するための数合わせばかりが議論されているように見えますが、もう少し永続的な党づくりも必要なのではないかと思いますね。

――野党勢力では日本維新の会の伸長が目立ちます。

私の選挙区は京都ですが、関西から選出された自民党の若手は、相当に戦々恐々としています。維新は都市住民の支持を集めて勢力を広げてきたわけですが、自民党は地方に鉄道などのインフラを整備することで支持を集めてきた側面があります。ところが今は鉄道もどんどん経営が立ち行かなくなっていて、過疎地のインフラをどうするかも大きな課題となっています。

「国土の均衡ある発展」を標榜してきた自民党に対し、都市部の問題に絞って戦うという維新の戦略が関西では功を奏しているわけですが、日本全体がそれでうまくいくのかなという疑問はありますね。都市とそれ以外とでの感覚のずれが、政党対立の構造に現れているとも言えます。

単純に政権交代可能な二大政党制を実現すれば、日本全体の利害を集約できるとも思えません。政治と選挙制度は表裏一体ですから、社会の変化を見据えた選挙制度改革も必要なのかもしれません。一票の格差を是正する必要はありますが、併せてどういう政治制度を作っていくかということを考慮する必要があると考えます。野党勢力が数合わせに走ってしまいがちなのは、野党だけではなく制度の問題でもあるのでしょうね。

――岸田首相が打ち出した「新しい資本主義」は、格差や不均衡を是正する思想になりうるのでしょうか。

彼の中には考えがあるのだろうけど、新しい器に何を盛るのかが、まだ明確に見えてはいないですね。一つ思うのは、増大する社会保障費に対応するために公共事業の民営化などの効率化を図りつつ、国家間では企業を国内に置くために法人税を安くする競争があり、これらが新自由主義の潮流をなしてきたという現実です。効率化だけでは財源が足りないので、小泉政権下では私も財務大臣として消費増税に尽力してきたわけですが、その結果として身の軽い産業は税率の低い海外へ逃避するという現象も起きました。岸田首相の「新しい資本主義」がこの現実をどう変えようとしているのかは、まだ私にはわかりません。

――安倍さんがめざしていた保守と、岸田首相や宏池会が考える保守とは、別のものなのでしょうか。

安倍さんや中川昭一さんは、良かれ悪しかれ戦後思想を変えようとしたわけで、国際情勢の変化に対応しながら戦後思想を守ろうとしてきた宏池会とどちらが保守かというのは、立場によって変わるのだと思います。

たとえば私は保守政治家として、夫婦別姓には反対の立場を取ってきましたが、少子化の中で両家の墓を守り続けることが「保守的」であるとするならば、夫婦別姓に賛成する保守という立場もありえるでしょう。何をもって保守とするかも明確ではない、難しい時代になってきていると感じますね。

財務省批判は、筋が通っていた

塩崎恭久　前衆議院議員

しおざきやすひさ　1950年生まれ。東京大学教養学部卒業、アメリカ・ハーバード大学ケネディ行政大学院修了（行政学修士）。日本銀行を経て、93年衆議院議員初当選。官房長官、厚生労働大臣などを歴任。著書に『「真に」子どもにやさしい国をめざして――児童福祉法等改正をめぐる実記』など。

構成：『中央公論』編集部

二人の友を喪って

――昨年7月に安倍晋三氏が応援演説中に銃弾に倒れ、今年3月には坂本龍一氏が亡くなりました。1年足らずで親しい友人を相次いで喪うことになりました。

二人とはそれぞれ一定の時期、極めて濃密な関係にあった。以来、二人は私にとってまるで空気のように、当たり前のように存在していた。その当たり前がなくなったということが、なかなか理解できない。二人とも私より若い。坂本君は学年では私の一つ下、安倍さんは4歳下。二人とも異才で、それぞれの分野に貢献し、これからも役割を果たしていくはずだったのに、その道を断たれた。私にとっても大きな衝撃です。

――安倍氏はタカ派で強権的なイメージの強い政治家。かたや坂本氏は脱原発や環境保護などの社会活動でも知られる芸術家。タイプが全く違いますね。

自分としては違和感がない。皆さんが二人に対して持っているイメージが必ずしも正しくないのかもしれない。だから、なんでこんな二人とそれぞれ仲良くできるんだ、と。

安倍さんは「保守」と言われるが、実は改革の人でもある。古いものを守るために改革するのが保守であると、イギリスの思想家エドマンド・バークも言っている。安倍さんが改革派だったから、私はずっと支え続けられた。

――一方、坂本氏とのお付き合いは、世田谷区立千歳中学校で一緒になって始まったのですか？

実は小学校も一緒だったのですが、1年下だからその時は知らなかった。中学校時代、私が部長をやっていたブラスバンド部に坂本君が入ってきて、初めて知り合った。

――二人とも都立新宿高校に進学し、塩崎氏がアメリカ留学のために1年間休学したため、帰国して2年生で同じ学年になりました。

彼と誰よりも長い時間を共にしたのは、高校2年生の後半から3年生の終わりまでの1年半。私が生徒会長になった2年の時に同じクラスになり、3年でも一緒だった。その後、彼は東京藝術大学に進み、私は駿台予備校から東京大学に行くことになる。

――坂本氏のどんなところに惹かれましたか。

ここは安倍さんとも共通していますが、ひとりひとりの人間が自分のやりたいことや理想を追求できる国や社会にしたい、という強い思いを持っていましたね。本にしても演劇にしても音楽にしても、新しい地平を切り開こうという思いで、お互いがつながっていた。

当時はフランスで五月革命（1968年）があった。彼は「かっこいい」のが好き。パリのカルチェラタン地区で学生たちが蜂起し、新しい秩序を作り上げるというようなことを「かっこいい」と思っていたし、そういうふうにしないと世界は新しくなっていかないという強い思いがあった。それは私も共有していたし、安倍さんの改革にも通じるところがあると思う。

秘書官仲間から衆院当選同期に

――安倍氏とはどのように親交を深めたのでしょうか。

1982年、それぞれの父親（安倍晋太郎、塩崎潤両元衆議院議員）の大臣秘書官として初めて会った。安倍さんは神戸製鋼を辞めて外務大臣秘書官に、私は日銀を辞めて経済企画庁長官秘書官になり、政務秘書官として1年間、一緒にやった。中国との定期閣僚協議に出席する大臣に同行して、一緒に北京に出張したこともあった。時間が空いた時に、万里の長城に行こうということになった。当時の中国は高速道路なんて1メートルもなくて、荷台に高粱《コーリャン》や粟《あわ》を3メートルぐらい積んだリヤカーや自転車の間を縫うように車で走るから、一日仕事だった。行き帰りの車中、何時間も安倍さんと話をしたね。

その後、私は日銀に戻り、彼は秘書を続け、そしてお父様が亡くなられた。1993年にそれぞれ衆議院議員に初当選し、同期になった。

当時の自民党は野党だった。「政府・日銀」とも言われる中央銀行出身の私も、自民党の寵児みたいな安倍さんも、野党になるなんて考えもしなかったので、どうしたらいいかわからなかった。そんな時、加藤紘一さん（元自民党幹事長）が、「君たち、役人は国会議員が1人で立ち向かってきてもほとんど相手にしないが、2人以上だと1年生議員でも無視できなくなる。それぞれ改革するテーマを決めて、互いに応援する形で、複数で役人と対峙してみたらどうか」とアドバイスしてくれた。

それで、安倍さんや岸田文雄さん（現首相）、根本匠さん（元厚生労働大臣）ら1年生議員だけで勉強会を作った。安倍さんが選んだのは、漁船のエンジンの解放検査。1回何百万円もかかるような検査を頻繁にやるのは漁民の負担になるし、安全性から見てそこまでは必要ないという問題意識だった。岸田さんは選挙区が広島で転勤族が多い土地なので、子どもが引っ越し先の公立高校に編入できるように取り組んだ。私のテーマは「同一航路、同一運賃」。今でこそエアラインによって様々な割引があるが、当時は同じ区間であればどの航空会社も同じ運賃だった。瀬戸内海を走るフェリーも、新造船であろうと30年前の古い船であろうと、同じ港までなら同じ料金。これはおかしいじゃないかと。

みんなで国民サイドに立ち、サプライサイドの役所に向かって戦いを挑んだ。そこに安倍さんも最初からいた。要するに、安倍さんは有権者の立場に立った改革派だということです。

安倍さんは、よく「右」だと言われるが、私は外国人に「彼は尊王開国派であり、尊王攘夷ではない」と説明している。私と全く同じ考えだ。尊王の度合いでいえば安倍さんが数段上かもしれないが、やっぱり開国なんですよ。環太平洋パートナーシップ（ＴＰＰ）をやろうと決断できるのは、尊王開国だからです。安倍さんは国にとってプラスになることはやる。右とかイデオロギーではない。

財務省批判は「筋が通っている」

――『安倍晋三 回顧録』では、安倍氏の財務省への批判が突出しています。

長い政権運営には濃淡もあり、私も注文をつけたい点がないわけではないが、財務省をはじめ、役所が時に国のためにならない発想をすることへの手厳しい批判については、筋が通っていたと思う。

2006年、安倍さんが最初に総裁選に臨んだ際のキャッチフレーズ「戦後レジームからの脱却」は、私が作り、安倍さんや世耕弘成さん（元官房副長官）と一緒になって定着させた。後になって「脱アメリカの憲法改正」のように解釈されることもあったが、当時は、戦後復興や高度成長を実現させるために霞が関中心となっていた物事の決め方を変えることを目指していた。例えば、第1次安倍内閣で取り組んだ公務員制度改革、道路特定財源の見直しなどが、安倍さんが目指した「戦後レジームからの脱却」の典型といえる。

――安倍氏の政権運営で注文をつけたい点とは。

アベノミクスは、皆のマインドセットをがらりと変えて明るくしたという点で有効な経済政策だったが、それを持続させるための第三の矢（成長戦略）を射るべきところ、途中からよく見えなくなった。全体としてはうまくいっているので、あとはそこのところを岸田さんが思い切ってやるしかない。

――同じ『安倍晋三 回顧録』で、安倍氏は第1次安倍内閣の官房長官に閣僚経験のない塩崎氏を抜擢したことについて「相当苦労をかけました」と述べ、人事については「自分でやりたいようにやる、という考えで、党内に配慮や目配りができなかった」「経験不足、準備不足は甚だしかった」と語っています。

確かに第1次内閣では一緒に苦労しました。安倍さんがやりたいことを、我々がこなれていないやり方でやったので、いろいろなフリクション（摩擦）が起き、ぶつからなくてもいいところまでぶつかった。ただ、それが第2次内閣の基盤を作ったことは間違いない。安倍さんも、進む前にぶつからないように手を打つことを覚えた。

日本版NSC「国家安全保障会議」を作る構想は、第1次内閣ができるずっと前から私が提案をし、安倍さんもやろうと言っていて、第2次内閣になってようやく実現した。これですら、役所は最初、嫌がった。それでも外務省、防衛省と縦割りの省庁を統合し、政治が決める恒常的なシステムを作ることが国のためには必要だという点は、ぶれなかった。役所が必ずしも国民サイドに立たない時があることをよくわかっていた。

――安倍氏は2020年に首相を退任した後、自民党最大派閥の清和政策研究会会長に就きました。

安倍さんが上手に政権運営をし、人材を集め、育てた結果として、他の派閥の皆さんは受け止めないといけないよね。他の派閥も頑張るしかない。

――ご自身は宏池会に所属した後、無派閥で過ごしました。

私の父は宏池会の初代事務総長をやるぐらい派閥を大事にした人でしたし、私自身もかつては派閥の例会の司会をやっていて、真ん中にいたつもりだったんですが、ある時から「自分の場所はないな」ということがわかって。そうなったのは、安倍さんと極めて近い関係にあったことも影響したと思います。そこから派閥にはパタッと行かなくなった。派閥より国に役立つことをやるしかないと思い、派閥会長で外務大臣だった岸田さんを外務省に訪ねていって、正式に脱退すると伝えた。

政界引退後、地元で里親に

――２０２１年10月に政界を引退した後、里親になるための研修を受け、「養育里親」に登録なさいました。

国会議員として里親に関する法律や制度を作ってきた。これからは、愛媛県松山市を中心に活動する里親支援のための民間のフォスタリング機関を作るお手伝いをして、里親をサポートしていこうと思っていましたが、児童相談所の方に「里親になるのに年齢制限はあるのか」と聞いたら「そんなものはない」と言われ、じゃあ自分でやってみるか、ということになった。

私が登録したのは、18歳までの子どもを一時的に預かり、育てる「養育里親」。昨年の夏から、今は児童養護施設にいる、決まった子ども2人を、1回1泊から3泊くらいで何度か家で預かっている。いわゆる「週末里親」です。虐待を受けた子どもであるだけに、一定の専門性や知識が里親にないと難しいということがわかってきた。もっとも、私の世代だと子育てに深く関わったわけではないので、女房には「もともと、やったことないじゃないの」と言われている。

子どもが健全に育つには、親、あるいは特定の大人との愛着関係が安定的にあることが必要なのに、実際には甘えようとした相手に虐待され、取り返しのつかない心の傷を負うケースが後を絶たない。やはり家庭で特定の大人と一緒に生きていける状況を作らなければいけない。

――安倍氏と、里親の活動について話をしたことはありますか。

安倍さんはこの分野にはもともと強い関心があり、第1次内閣が終わった後、自民党の「児童の養護と未来を考える議員連盟」の初代会長になってもらった。地元の山口県の児童養護施設にも頻繁に足を運んでいて、昭恵夫人と3人で下関市内の施設に行ったこともある。

二人が生きていれば……

――安倍、坂本両氏の不在を特に意識されることはありますか。

坂本君は、例えば「チャットGPT」（対話型人工知能）を取り込んで音楽を作っていくようなことを、きっとやっただろうなと。何か、ちょっとびっくりするようなものが出てきた時、たぶん彼なら即座にそれをうまく取り込んで、新しいものを創っていくと思うんです。

一方、安倍さんは、世界の昏迷や分断が深まる中、総理としての経験を生かして思いがけない解を示してくれたのではないかと心底思う。特に外交に関しては、ものすごく勉強して本もよく読んでいたし、「地球儀を俯瞰する外交」を掲げて実際に大変な距離を動き回った。ウクライナ戦争は終わらず、ロシアのようなつかみどころのない国を相手に、平凡な発想では立ち行かないのではないかという思いがしている。だから、安倍さんはつくづくもったいないことをした。国家的損失です。あんな緩い警備で、しかも誰も責任を取らないような国になってしまった。

日本と世界が心配で、私も何かしなければいけないという強迫観念に近いものに追い立てられるように動き続けています。

——安倍氏が生きていれば、首相への再登板を支持しましたか。

他に選択肢がなかったら、そういうことがあってもよかったかもしれない。新しい若い世代に期待したいが、能力のない人ではどうしようもない。やはり安倍さんには知恵がありました。

でも、坂本君は、安倍さんのことは好きではなかったかもしれない。聞いたことはないけれど。安倍さんは原発推進派だし、夫婦別姓もなかなか難しかったし。ただ、安倍さんから直接、夫婦別姓反対だと聞いたことはない。「家庭内野党」の奥さんがいるし、案外と柔軟な発想をどこかに併せ持っていたかもしれない。

第3章

研究者の分析

赤裸々な独白から浮かび上がるもの

中北浩爾　中央大学法学部教授

なかきたこうじ　1968年三重県生まれ。91年東京大学法学部卒業。95年同大大学院法学政治学研究科博士課程中途退学。東京大学博士（法学）。大阪市立大学助教授、立教大学教授、一橋大学教授などを経て2011年より現職。専門は日本政治外交史、現代日本政治論。著書に『現代日本の政党デモクラシー』（岩波新書）、『自民党政治の変容』（NHKブックス）、編著に『民主党政権とは何だったのか』（岩波書店）などがある。

本書の刊行は一種の事件だ。政治家本は数多あれども、国会の質疑で真面目に取り上げられたり、複数の雑誌で特集が組まれたりといったことは、まずない。それもそのはず、長らく日本の政界では、知り得た秘密は墓場まで持っていくことが最大の美徳とされてきた。そうしたなか、7年8ヵ月（第一次政権と通算で8年8ヵ月）という日本の憲政史上最長の政権を築いた元総理の回顧談が、退陣からわずか2年半で世に出るのだから、その衝撃力たるや計り知れない。

しかも、内容が内容である。安倍総理はざっくばらんな話術で知られたが、生前そのままの語り口が活字として再現されている。その赤裸々ぶりは、まさに驚きの連続である。政権の重責から逃れた解放感、信頼を寄せる二人の聞き手の巧みな問いかけ、そしてゲラを修正すればよいという安心感から、ついつい口が滑らかになったはずだ。多彩な人物描写がエピソードを交えて随所に登場し、臨場感をもって綴られている。

だが、現役の国会議員を続行し、自民党の最大派閥を率いる立場になっていた元総理にとってみれば、いったん活字になって冷静に読み直すと、あまりにも機微に触れる内容が多いと思われ、ストップをかけざるを得なかった。それは当然だろう。本書を読むたびに、そう思わざるをえない。

2022年の参院選の最中、突然の凶弾が襲う。あの一報は、日本全国で衝撃を持って受け止められた。私は、とある事情から、本書のプロジェクトが進められながら、出版が先送りされているることを耳にしていたが、もはや日の目を見ることはないのではないかという思いが頭をよぎった。通常、出版されるためには遺族の了承を得る必要がある。しかし、遺族というのは自らの決断に確信が持てず、ゆえに慎重に振る舞いがちだからである。

ところが、その予想は見事に外れた。残した肉声を公にして欲しいという安倍の声を、昭恵夫人が心のうちで聴くことができたからではないか。こうした言い回しは学者としては、いささか情緒的すぎるかもしれない。しかし、このように想像するのは、それなりの経験を重ねてきた歴史家の端くれとして、よき史料との出会いは縁であったり、奇跡であったり、そういった不可思議な導きなしには起こらないと思うからだ。

不幸な運命をきっかけに突然、世に出ることになった本書が、議論の的になることは不可避というしかない。安倍は「闘う政治家」を自任してきた。本書のなかでも、このスタンスはいささかなりとも崩れていない。その反面として、多分に自己弁護が含まれていることは、誰の目にも明らかである。でも、我々は、こう受け止めるべきではないか。自己弁護したい心情を含めて、赤裸々に語っているのだ、と。

歴史家が回顧録を通じて一番知りたいのは、その政治家がどう考え、決断を行ったのかである。また、我々が知りえない政治家たちの生の発言、それらを安倍自身がどう感じ取ったのかだ。その点で、本書は第一級の回顧録である。国家の最高指導者として行儀がよいとは思われない独白録は、研究者の立場からすれば、「闘う政治家」たる安倍晋三が我々に突き付けた挑戦状のようなものかもしれない。その迫力に怯むことなく、挑発にも乗らず、一定の距離感を保ちながら、冷静に読み込んでいくことが不可欠といえる。

本書を偉大な政治家の遺書と見立て、全てが正しいと受け取ることは妥当ではない。それとは逆に、悪意ある政治家の強弁の書として、頭から否定してかかることも誤りである。いずれも対象からの距離の感覚の欠如という点で同一であり、避けなければならない態度というべきであろう。

以上を踏まえて、私が注目したいポイントは、次の3点となる。第1に、内外の政治家評とそこに示される安倍の政治スタイル、第2に、財務省をはじめとする各省庁との関係、そのなかに垣間見られる官邸主導についての安倍の考え、第3に、最長の安定政権を作り上げることができた秘訣、正確にいえば、それに関する安倍の認識である。

赤裸々に語られる政治家評

本書の最大の魅力は、国内外のトップ政治家の生々しい発言と振る舞い、それに対する安倍の観察眼である。

外国の指導者については、国家機密に触れそうな事柄にまで言及がなされている。なかでも、オバマとトランプという二人のアメリカ大統領に対する筆致は、まさに好対照だ。

オバマはビジネスライクで細かく、冗談にも反応しないなど、心の通う付き合いが出来ない、狭量な人物として描かれる。極め付きは、伊勢志摩サミットの際、米軍の軍属が沖縄で女性を殺害した事件への安倍の抗議に不満を抱き、機嫌を損ねた一件だ。北朝鮮に対するオバマ政権の「戦略的忍耐」についても、安倍は「実際は先送り」と手厳しい。

それに対してトランプは、破天荒な人物である。それが我々の想像以上であったことが記録されている。忙しいはずなのに、電話会談で1時間半も話を続け、ほとんどがゴルフなどの雑談や他国の首脳への批判に費やされる。直接の会談でも発言要領を使わず、突拍子もないことを聞いてくる。

本書に描かれるのは、国際関係を全世界的な観点から捉えず、もっぱら二国間関係に還元して理解し、損得勘定から「世界の警察」としての役割を果たそうとしないトランプの姿だ。トランプ大統領の登場は日本外交の危機であった、という深刻な事実が改めて浮き彫りになってくる。

それを乗り切れたのは、ゴルフを共通の趣味に持ち、それなりにケミストリーが合ったことも大きいが、日米関係の維持・強化という国益上の理由から割り切って、安倍がトランプの懐に飛び込んだからというのが、本書から導き出される回答である。外交文書による検証が必要だが、本書では大統領選に勝利したトランプと就任前に会談した経緯がつぶさに語られている。

興味深い外交指導者の対比は、韓国の文在寅大統領と中国の習近平主席の間にもみられる。文大統領に対する評価は、辛辣というほかない。例えば徴用工問題について、韓国の司法判断が国際法違反であると知りながら「反日を政権の浮揚材料として使いたい」だけと切り捨てる。文大統領の前任者で日韓「慰安婦」合意を結んだ朴槿恵大統領についても、冷ややかな視線が送られる。

他方、習首席に関しては、驚くべき発言を明かす。「自分がもし米国に生まれていたら、米国の共産党には入らないだろう。民主党か共和党に入党する」。そして、この発言について「彼は強烈なリアリストなのです」と解説し、さらには権威主義国家の指導者の「孤独感」にまで言及する。誤解を恐れずに言うならば、ここにみられるのは、権力追求者たる習首席への一種の共感である。

この点は、中国外交への評価に関わる。安倍は言う。「中国との外交は、将棋と同じです。相手に金の駒をとられそうになったら、飛車や角を奪う一手を打たないといけない」。「将棋を指しても、盤面をひっくり返すだけの韓国とは、全く違います」。軍事的に台頭する中国への対抗心が、安倍外交の底流に存在し続けたのは本書でも明確に示されているとはいえ、権力の論理を重視するリアリズムという点で、中国を同じゲームのプレーヤーとみなしたのであった。

力の政治に対するシンパシーは、ロシアのプーチン大統領にも向けられる。ウクライナ侵攻を国際法上、決して許されないとしつつも、ロシア帝国の復活というプーチンが抱く理想を頭から否定したりはしない。ただ、そうしたプーチンから北方領土を取り戻せると考えたのは、やはり甘かったといわざるを得ない。本書の北方領土交渉に関する記述は、「いったん占領されたら、いくら交渉したって返還は難しくなりますから」と結ばれている。

上位権力が存在しないがゆえにアナーキーな性格を持ち、軍事力の役割を否定できない国際関係とは違い、日本国内の政治は民主主義に基づいて運営され、赤裸々な暴力行使がなされるわけではない。だが、「可能性の芸術」としての政治を実践し、巧みに状況を分析して決断を下し、自らのパワーを高めていく人物を高く評価する点で、安倍の視点は一貫している。

その筆頭格として挙げられるのが、自民党幹事長などとして安倍政権を支えた二階俊博である。二階が総裁任期を連続2期6年までから連続3期9年までに延長した党則改正を最初に提起し、実現に導いた経緯について、「二階さんは、何事も『一番槍』を務めますよね。……一番槍は、リスクを背負っているのですから、論功行賞で多くの褒美をもらうのは当然です」と語る。

二階に代えて、当時、政調会長を務めていた岸田文雄を幹事長に起用しなかった理由については、「二階さんは党内を掌握していたでしょう。当時、二階さんに匹敵するほどの力は、岸田さんにはなかった」と説明する。最終的には、次の菅義偉政権の下でも幹事長の座にあり続けた二階を、岸田は多選批判によって引きずりおろすことに成功するが、ここにみられるのは、政治的力量を何よりも重視する安倍の態度である。

興味深いことに、安倍は自らと二階の関係を日中関係になぞらえて、「戦略的互恵関係」であったと述べている。信頼関係を醸成し、共通利益となりうる分野で協力していくということである。そうした観点から、中国が推進する「一帯一路」構想やＡＩＩＢ（アジアインフラ投資銀行）を認め、関与する方向に舵を切り、関係の改善を図った。その際にも、中国とのパイプが太い二階が大きな役割を果たした。ここにはリアリストとしての安倍の真骨頂が表れている。

しかし、同時に安倍は、リアリストに徹することができない自分を認めている。第一次安倍政権の際、２００５年の郵政選挙での造反議員を復党させたことについて、「私は割と、情を引きずってしまう」と述べている。逆に、郵政民営化法案に反対した造反議員に自民党公認の「刺客」まで送り込む非情な小泉純一郎には、「日本的な方法ではなかった」と述べるなど、違和感を隠さない。安倍の非情たり得ない甘さは、２０１２年の自民党総裁選で、仁義に反して石破茂支持に回った小池百合子について、菅官房長官から「あんな目に遭って、よく許せますね」と苦言を呈される場面でも顔を出す。

安倍が自らをも超える徹底したリアリストとして描くのは、その小池である。第一次安倍政権で首相補佐官や防衛相を務めた小池は、強烈な上昇志向を持ち、２０１６年、東京都知事に就任した当初、安倍の背中をさすりながら、次の衆院選では自民党の応援に行きますよと言ったにもかかわらず、森友学園・加計学園問題で安倍政権が窮地に陥ると、希望の党を結成し、あわや政権交代というところまで追い詰めた。

安倍はこのように語る。「小池さんはいい人ですよ。いい人だし、人たらしでもある。相手に勢いがある時は、近づいてくるのです。……しかし、相手を倒せると思った時は、バッとやってきて、横っ腹を刺すんです。『あれ、わき腹が痛いな』とこっちが思った時には、もう遅い」。

安倍は、小池が持つ特殊な能力をトランプのジョーカーに喩える。「彼女は、自分がジョーカーだということも認識していると思います。ジョーカーが強い力を持つには、そういう政治の状況が必要だね、ということも分かっている」。それを支えるのが、小池の優れた発信力である。その一方で、小池は驚くほど実務が苦手であり、上昇することが自己目的化していて、何をしたいかが見えてこない、と安倍は限界を見抜く。

安倍を政治家らしい政治家たらしめているのは、リアリズムとともに友敵関係の重視である。情に引きずられるのは、友情を重んじることを意味し、政権の支柱を担った麻生太郎、菅義偉、高村正彦、甘利明といった人々に深い感謝の気持ちを寄せる一方、2012年と18年の総裁選で争った石破茂には、次の言葉を発する。「野党と戦っている気分でしたね。私が弱っている時は、ここぞとばかりに襲いかかってくるなあと思いました」。安倍からみて石破は、敵と味方を区別するラインの外側にいる存在であった。

もっとも、友と敵は流動性を持つ。その代表例は、谷垣禎一である。宏池会に所属し、ハト派で財政規律を重視する谷垣は、第一次安倍政権が発足する自民党総裁選で争ったライバルであり、その時は徹底的に干し上げたが、2012年、谷垣の後継として総裁に就任すると、安倍はその功労を称え、万雷の拍手を浴びた。谷垣は安倍から石破に代わる幹事長に起用されると、民主党政権と「社会保障と税の一体改革」で協力した当事者であったにもかかわらず、2014年の消費増税延期解散を側面から支援した。

谷垣や二階といった政策的には距離があるが、信望を持ち、政治的力量に優れた政治家を味方に付け、相次いで幹事長という要職に起用した点は、第一次政権とは違う、第二次政権の特徴である。第一次政権で苦労をともにしたり、勝てる見込みのない2012年の総裁選で支えてくれたりした人々を中核に据えながらも、リアリズムに徹し、友敵関係を固定しすぎず、味方を増やしたことこそが、後に分析することになる長期安定政権の一つの原因なのであろう。

霞が関との暗闘

安倍は国会の総理大臣席から、質問する野党議員に対して幾度となくヤジを飛ばし、街頭演説で聴衆からヤジを浴びると、指をさしながら「こんな人たちに負けるわけにはいかない」と叫んだ。「闘う政治家」を自任する安倍にとって、やはり友敵関係こそが自らを奮い立たせる根源的な要素であった。

安倍にとっての「敵」とは何か。憲法改正を悲願とし、「真正保守」の旗を掲げるナショナリストとして、日本国憲法にシンパシーを寄せるリベラル勢力、すなわち民主党・民進党・立憲民主党や社民党、共産党といった野党、朝日新聞をはじめとするマス・メディアが、揺るぎない批判の対象であったことは間違いない。

私が座長を務め、『検証　安倍政権』（アジア・パシフィック・イニシアティブ著、文春新書）という本に結実したプロジェクトでインタビューを行った際、野党議員からいつまで繰り返すのかと批判を浴びながら、「悪夢のような民主党政権」と言い続けたことについて、安倍が「よっぽど嫌なんだなと思いましてˮと語った時の表情が忘れられない。脳内にアドレナリンが出ていることが感じ取れたからである。

本書を読んで驚いたのは、この友敵関係の最前線が、野党との間よりも、党内、そして霞が関との間に存在していた事実が浮かび上がってくることだ。上記のプロジェクトでも、安倍は「権力が崩れるときは、必ず内部から崩れる」と語っている。その安倍にとって、自民党内で根強い人気を誇る石破に加え、自らの政権の施策を内部から換骨奪胎し、歪めようとする官僚たちこそが、最も警戒すべき対象となることは必然である。

霞が関を代表する官庁である財務省に向ける敵意は、尋常ではない。もちろん、その基底には政策対立が存在した。金融緩和、財政出動、成長戦略の「三本の矢」として、デフレからの脱却と持続的な経済成長を図ろうとするアベノミクスの最大の障壁が、財政規律を重んじる財務省であったという事情抜きに、そこに向けられる敵意を十分に理解することはできない。

本書では、次のように積極財政への楽観論が語られる。「国債発行によって起こり得る懸念として、ハイパーインフレや円の暴落が言われますが、現実に両方とも起こっていないでしょう。インフレどころか、日本はなおデフレ圧力に苦しんでいるんですよ。財務省の説明は破綻しているのです。もし、行き過ぎたインフレの可能性が高まれば、直ちに緊縮財政を行えばいいわけです」。安倍の目からすれば、財務省は国益よりも省益の方を優先しているようにみえたのであろう。

こうした安倍の主張は、第二次政権を作る前に固まったものであったという。「私も、第一次内閣の時は、財務官僚のいうことを結構尊重していました。でも、第二次内閣になって、彼らの言う通りにやる必要はないと考えるようになりました」。安倍は、財務省が主導した民主党政権下の「社会保障と税の一体改革」には「慎重」であったと述べ、「デフレ下に加え、震災の影響を受けている時に消費税を上げるべきではない」と振り返る。

しかし、自民党が賛成して決まった以上、第二次安倍政権は消費増税をどう実施するかという難問を抱え込んでしまった。しかも、財務省は強力な権力を誇る。「彼らは、自分たちの意向に従わない政権を平気で倒しに来ます」と、安倍は断言する。財務官僚のチーム力の高さに加え、予算編成権を掌握し、国税庁を使って政治家の脱税を調査することができ、自民党内の財政再建派とも通じていると、その権力の源泉を説明する。

安倍は2014年、消費税率を8%から10%に引き上げる時期を先送りすることを表明しつつ、衆議院を解散するが、「増税論者を黙らせるためには、解散に打って出るしかないと思った」と理由を述べ、小池都知事の国政進出に対抗して踏み切った2017年の衆議院解散の際には、消費増税時の使途変更を公約に掲げたが、「解散と同時に決めてしまえば、党内の議論を吹っ飛ばせます。選挙で勝てば、財務省を黙らせることもできる」と解説している。

要するに、財務省を抑え込むために、解散権という首相の伝家の宝刀が必要であったというのである。政治学では、1994年の政治改革によって衆議院が中選挙区制から小選挙区制を中心とする選挙制度に変わるとともに、それ以降、内閣機能が制度的に強化され、官邸主導が可能になったといわれている。誤りではないにせよ、権力の内部の実態からみると、官邸主導にも大きな限界があることがうかがわれる。

ただ、こうした財務省の権力についての安倍の認識が実際に正しいかどうかは、検証を要する。というのも、この問題についての安倍の発言には、友敵関係を通り越して、陰謀論のニュアンスが含まれるからである。森友学園問題について、安倍はこう述べる。「私は密かに疑っているのですが、森友学園の国有地売却問題は、私の足を掬うための財務省の策略の可能性がゼロではない」。また、「私を嫌う左翼の人たちは、改憲を阻止しようという目的もあって森友問題を殊更大きく取り上げた」とも述べる。

直ちに疑問が浮かぶ。森友学園問題の決裁文書の改竄は、財務省が官邸に忖度した結果ではないのか。ならば、財務省の権力はそれほど強いのか。安倍は文書の改竄について、「忖度」ではなく、財務省が組織を守ることを優先した結果とみなしたり、「仮に官僚が忖度していたとしても、忖度される側の私は、分からないでしょう」と弁解したりする。安倍は幹部官僚人事を含め官邸主導を必要だと主張するが、それが過小なのか、過大なのか、具体的にどうすればよいのかについては、議論の余地がある。

財務省に対抗すべく、安倍が支えとしたのが、経済成長を機関哲学とする経済産業省であった。

正確にいえば、省というよりも個々の経産官僚であり、具体的には政務の首相秘書官に起用した今井尚哉や、その下で政策立案にあたった新原浩朗らである。彼らは、「一億総活躍」「経済の好循環」といったキャッチフレーズを生み出し、政策を肉付けしていった。安倍は、「経産官僚はアイデアが豊富です」と称賛を惜しまない。

財務省と並んで、安倍が批判の矛先を向けるのは、第一次政権で「消えた年金」問題に苦しめられた厚生労働省である。しかし、その理由は、財務省とは全く反対に、組織としての能力の低さゆえである。2018年、厚労省のデータのミスゆえに、働き方改革関連法案から裁量労働制の拡大に関する法案を除外せざるを得なくなったことについて、調査やチェックがいい加減であり、「役人が劣化してしまった」と嘆く。「厚労省は省庁再編で大きくなり過ぎて、政治の目が届きにくくなったという問題もありますが、もっと根が深い気がします」という。

こうした厚労省の問題は政権末期、コロナ対策で再び露呈する。ウイルスの実態が分からなかった初期には、厚労省の医系技官が責任回避的な発言に終始したし、PCR検査の数を増やせなかった原因としても、「検査を増やせば、陽性者が増えるだけです」という厚労省の消極的な態度が存在したという。厚労省の対応の評価については、さらなる検証が待たれるところである。

敵視する理由については財務省と違いがあるとはいえ、安倍は厚労省に対しても陰謀論的な認識に傾く。裁量労働制に関する国会審議の際、自分の手元にない資料を野党議員が持っていたことについて、「『厚労省は野党と通じているんじゃないか』と、疑心暗鬼に陥りましたよ」と語る。

官邸が進める施策に対して、各省庁が抵抗する際、水面下で連携する与野党議員に働きかける。そうした動きを封じ込めるためにも、官邸は幹部官僚人事に関する権限を行使し、自らに抵抗する官僚を排除しなければならない。私が知る限り、これが安倍官邸の首脳に共通する認識であった。たんなる疑心暗鬼なのか。それとも根拠があるのか。日本政治を考える上では、避けて通れない論点である。

最長政権を可能にしたもの

第二次安倍政権は、7年8ヵ月という日本の憲政史上最長の政権となった。しかも、国政選挙で自民党は安倍総裁の下、野党時代の2012年を含めて、衆議院3回、参議院3回、合計で6連勝した。これは極めて異例のことであり、超長期政権であるだけでなく、超安定政権でもあったことを意味する。日本の政治指導者は今後、政権運営に際して第二次安倍政権を参照基準に設定するに違いない。

本書の終章「憲政史上最長の長期政権が実現できた理由」の冒頭で、安倍は第一次政権の挫折を糧にしたと語っている。「私は第1次内閣当時、首相の職を担うには未熟すぎました。……経験不足、準備不足は甚だしかったと思います。かつ、肩に力が入りすぎていた側面もありました。……再び官邸に入った時には、同じ過ちは繰り返さないという思いを強く持っていました」。

もちろん、首相への再登板自体が極めて異例である以上、再現可能性が低いという見方も成り立ちうる。しかし、同じく長期政権でも、トップリーダーの存在が決定的な役割を果たした小泉政権と比べると、一度、失敗した安倍が失意のなかで政権運営のスタイルを考え抜き、編み出したのであり、本書のなかでもかなりの程度、一般化して語られている。以下、人事と政策の二つに分けて整理してみたい。

まず人事である。これについて安倍が強調しているのは、第一次政権のメンバーを中心に閣僚や党役員を構成したことである。「あの時の失敗、挫折の経験を生かしてくれる」と思ったというが、ポストについてはかなり入れ替えた。麻生太郎を外相から内閣の要の副総理兼財務相、甘利明を経産相からアベノミクスの司令塔たる経済再生相に移した。

官邸については、官房長官の塩崎恭久を代えて、第一次政権の総務相の菅義偉をそこに配置し、塩崎はしばらく後に厚労相として処遇することになる。また、政務の首相秘書官には、とかく問題が指摘された井上義行ではなく、第一次政権で経産省枠の秘書官であった今井尚哉を起用した。そのほか、北村滋内閣情報官、長谷川榮一内閣広報官など、第一次政権でも官邸の中枢を担った再チャレンジ組の官僚を登用した。

この官邸の人事配置は、第一次政権が失敗した後も自らを見限らなかった人々の労に報いたものといえるが、経験とともにチーム力という点で大きな効果をもたらした。安倍は語る。「官邸チームは、非常に一体感があり、皆が私を支えてくれようとしました」。官僚出身の官邸官僚は、出身省庁に戻ることを想定し、省益を図ろうとしがちだが、そうではなく安倍のために片道切符の決意で献身的に働いたのである。

熱心に安倍を支えようという思いのあまり、強い言葉を用いて諫言する場面もあった。菅官房長官と並ぶ官邸のキーパーソンの今井首席秘書官は、2013年末の靖国参拝に反対し、「参拝するならば秘書官を辞める」と迫ったという。そもそも安倍自身、「耳障りなことでも、平気で話してくれる人をそばに置いておくのは大事」という認識もあって、今井を起用したと説明している。

安倍はこう語っている。「いくら立派な仕組みや組織ができ上がったところで、そこで働く官僚と私の間に信頼関係が構築できていなければうまくいくわけがありません。そこで第2次内閣では、できるだけスタッフと触れ合う機会を作りました。積極的に雑談をしたわけです。例えば国会がない日は、できるだけ秘書官や、官邸詰めの参事官らと昼食を一緒に取るようにしました」。日々、決断を迫られ、相互に誤解や猜疑心が生まれやすい環境にある権力の中枢は、人的要素が多分に重要性を持つ空間であり、何よりもチーム力が問われるのである。

安倍は内閣の骨格たる麻生副総理兼財務相と菅官房長官の二人を、第二次政権を通じて同じポジションに据え続けた。また、岸田外相も4年半以上、甘利経済再生相は不祥事で辞任を余儀なくされたが、それでも在任期間が3年以上に及んだ。これは本書で明らかにされた事実であるが、中曽根康弘内閣を参考にしたのだという。「安定した長期政権を築く上では、柱は替えない方がいいということでしょう」と、安倍は述べる。

こうした骨格と位置づけられた閣僚以外については、不祥事などが浮上するリスクも負いつつ、政治的な考慮から人事を行うことを厭わなかった。「政策通で答弁が安定している、資金面も極めてクリーンだという人だけで人事を回していたら、限られたメンバーばかりを登用することになる。それでは党内が持ちません。多様性があるからこそ、面白いという側面もあるでしょう。人事に100点満点なんか、あり得ません」。現実を見据えて行った重層的な人事こそが、長期安定政権の秘訣の一つであった。

次に政策に目を転じよう。これについても、第一次政権での失敗の経験が踏まえられている。「戦後レジームからの脱却」を掲げた第一次政権について、「あれはあれで正しかった」としながらも、第二次政権では「民主党政権下で悪化した経済状況を何とかしてくれ、という国民のニーズに応えることを優先した」という。また、若年層からの支持が高かった理由についても「雇用、特に就職の環境を改善した」結果だという認識を示している。第二次安倍政権の看板政策は、あくまでも経済政策であり、アベノミクスであった。

他方で、特定秘密保護法の制定、集団的自衛権の限定的な行使容認のための憲法解釈変更、安全保障関連法の整備、組織的犯罪処罰法の改正など、安倍は自らの信念に基づき、防衛・治安の分野で果敢な取り組みを行った。ただし、これら世論の反対が多い政策を講じる際には、「政権が揺らぐのは、自民党内の信認を失う時」という認識に従い、自民党大会などの場で必要性を訴え、党内を引き締めた。さらに重要なのは、「ハト派と保守派の政策を同時にやればいい」と考え、激しい反対運動が起きた安全保障関連法の成立後、一億総活躍社会の実現を打ち出し、働き方改革を進めたことである。

政策的に距離がある公明党との関係も、重視した。安全保障分野では衝突するものの、社会保障分野では親和性があるという判断に加え、選挙での公明党の役割は大きく、「明らかに自民党支持者より組織力が強い」という現実ゆえである。そのため、安全保障関連法などで、「互いに綱引きをしながら一致点を探ってきた」のだという。衆参両院で改憲発議に必要な3分の2の議席を確保し、国民投票を乗り切ることを考えると、「公明党を説得できない限り、憲法改正は前に進みません」とも述べている。

政策を具体的にみても、安倍の戦略性、リアリストぶりは顕著である。靖国神社に関して総理在任中の二度目の参拝はできないと考えた点、集団的自衛権のフルスペックの行使容認は長年の政府解釈を全否定することになるので不可能と判断した点、戦後70年の首相談話について「まず村山談話の誤りを正すこと、その上で、国民的なコンセンサスや国際的な了解を得られるものを狙おう」とした点、当初、慎重であった日韓「慰安婦」合意を締結した点などが挙げられる。

こうしたことは、自らを支持する保守派との軋轢を生みかねない。実際、本書でも「保守派の人たちは、常に100点満点を求めてきますが、そんなことは政治の現場では無理」と断言している。そのため、櫻井よしこ、金美齢といった著名な論客とできるだけ会って、意思疎通を重ねた。結局、こうした努力の成果もあってか、「60点、70点の私が倒れてしまったら、次は0点の人が首相になってしまう可能性がある」という判断に立ち、応援団であり続けてくれたのだという。

安倍は政権運営の要諦として、「期待値を上げすぎない」ことを挙げている。全ての人々に歓迎される政策は存在しないので、自らの応援団にせよ、反対派にせよ、事前に期待値を下げておくことが必要だということである。これはマニフェストによって期待値を最大化させてしまった民主党政権に対する批判であるとともに、第一次政権への反省でもあるといってよい。

1993年、野党議員としてスタートした安倍は、自民党が2009年に民主党から政権を奪われる一つのきっかけを作り、「戦犯」になった後、12年、奇跡の復活を遂げ、長期政権を築いた。自民党が統治政党であり続けるためには何が必要なのか。そのことを考え抜き、実行に移した政治家人生であったといえる。

安倍は言う。「日本人の面白いところは、現状変更が嫌いなところなのですよ。だから安全保障関連法ができる時に、今の平和を壊すな、と反対していても、成立後はその現状を受け入れるのです」。政治的リアリストたる安倍は、状況追随主義に陥りがちな日本の人々の本質を見抜いた。そして、「悪夢の民主党政権」と繰り返し発言し、巨大な現状維持装置たる自民党の枠内での改革へと人々を誘導した。その結果が7年8ヵ月にわたる長期安定政権であったといえるかもしれない。

歴史の法廷と現役政治家の語り

――『蹇蹇録』を参考に

佐々木雄一　明治学院大学法学部准教授

ささきゆういち　1987年、東京都生まれ。東京大学法学部卒業。東京大学大学院法学政治学研究科博士課程修了、博士（法学）。首都大学東京法学部助教、明治学院大学法学部専任講師などを経て、現職。専攻は日本政治外交史。著書に『帝国日本の外交1894―1922』（東京大学出版会）、『陸奥宗光』『近代日本外交史』（以上、中公新書）、『リーダーたちの日清戦争』（吉川弘文館）など。

『安倍晋三 回顧録』（以下、「本書」）は、いうまでもなく貴重な記録である。読みどころは多い。そして何より全体として、二度目の首相登板時に2012年末から2020年にかけて約8年間もの長期政権を築いた安倍晋三という政治家の語り口を、またものの見方を、鮮やかに伝えている。

見え方・見せ方への意識

まずは内容をいくつか見ていく。本書を通じてよく表れているのは、「見え方」・「見せ方」に対する安倍氏の強い意識である。

東京都議選や衆議院総選挙がおこなわれた2017年の政治情勢に関して、「民主党政権はダメだったよね、というムードは、私がさんざん発信した影響もあって社会に定着していました」と述べている（262頁）。ダメだったことが理解された、ではなく、「ダメだったよね、というムード」が「私がさんざん発信した影響もあって社会に定着」と説明しているのが興味深い。小池百合子都知事が勝負に打って出た希望の党関連では、「自民党がハト派の首相だったら、保守層は希望の党に流れていたかもしれません。でも、相手は保守の看板を掲げた安倍政権ですから、保守岩盤の支持層は崩れないのです」と語る（266頁）。ここも、「保守の安倍政権」ではなく「保守の看板を掲げた安倍政権」との言い回しである。

あるいは自民党副総裁として長らく安倍政権を支えた高村正彦氏について、「立場は保守なのだけれど、ニュートラルな雰囲気を醸し出す」（106頁）、「高村さんの魅力は、ニュートラルな立場に見えるところ」（134頁）、と評している。政治における見え方・見せ方の重要性に敏感だった様子がうかがえる。

本書の締めくくりでは、「安倍内閣は広報に力を入れたことが特徴」、「政治家もただ仕事をしているだけでは、なかなか評価されない。見せ方を工夫し、イメージを大切にしていく必要があります」と一般論として述べるだけでなく、防衛大卒業式の動画についてかなり細かい具体的な修正指示を出したことを語っていて驚かされる（393−394頁）。

保守派との距離感

見え方・見せ方と関連して興味をひかれるのが、「保守派」との距離感である。いわゆる保守派ないし左右軸上の右側の人々は安倍政権の主要な支持基盤の一つであり、政権も「保守の看板を掲げ」ていた。ただ本書で安倍氏は、保守派とのずれに度々言及している。

「私を支持してくれる保守派の人たちは、常に100点満点を求めてきますが、そんなことは政治の現場では無理なんですよ」（160頁）、であるとか、「保守派の論客の中には、私に100点満点を要求してくる人がいます。「春季・秋季の例大祭のたびに靖国神社に参拝しろ、韓国とは断交しろ」といった主張です。でも、そんなことを言われても、現実の政治では無理でしょう」（384頁）、といった具合である。

保守派のなかで櫻井よしこ氏や金美齢氏とは「できるだけ会い、意思疎通を重ねるように」したと言い、2015年に韓国と慰安婦問題に関する合意を結んだときも保守派からの厳しい批判を櫻井氏が宥めてくれたとする。そして、「保守派にとって、60点、70点の私が倒れてしまったら、次は0点の人が首相になってしまう可能性がある、という考え方だったのだと思います」と述べる（384頁）。

これらの口ぶりを見ると、本当は自分も100点志向なのだが現実政治においてはそういうわけにはいかないからやむなく妥協した、とは語っていない。むしろ、保守派との間の距離を強調している。「芸能界や文化人では、津川雅彦さんが私を囲むサークルをつくってくれました。いつも会食の場を設けて、芸能人など数十人を集めてくれました。私にとって大きな財産となりました」（384頁）、と津川氏への言の方がより率直に、厚情に感謝していそうな語調である。

これは単純に、安倍氏の考えが保守派と異なっていたことを反映しているのか。それとも、本書全体を通じて安倍氏は自身の戦略性やリアリストぶりをアピールしているように見え、そうした演出の一環か。第二次安倍政権の政権運営術は右側からの支持を固めつつその一辺倒にならずにバランスをとるものだっただろうが、安倍氏自身の志向についても、さらなる探究が望まれる。

ところで、右記の通り安倍氏は政治における見え方・見せ方の重要性に強く注意を払っていたと思われるのであるし、本書では何度かインターネット・SNSの話も出てくる。また自身（の政権）を支えた存在として、いわゆるリフレ派経済学者や保守派論客に加えて、芸能界・文化人ということで津川氏の名も挙げている。しかし、新聞・テレビなどの報道関係者の話は出てこない。第二次安倍政権期の特徴として、マスメディアにおける友／敵関係の先鋭化やそれも利用した政権のメディア戦略ないしメディア・コントロール術がつとに指摘されてきたが、そうした話はなされなかったのだろうか。気になるところである。

今井尚哉氏の存在感

さて、本書には多くの人物が登場するが、安倍政権内でひときわ目立つ存在が、今井尚哉氏である。2014年の衆議院解散について安倍氏は、「奇襲でやらないと、党内の反発を受けるので、今井尚哉秘書官に相談し、秘密裡に段取りを進めたのです。〔中略〕2人で綿密に解散と増税見送りの計画を立ててました」（149頁）、と今井氏と二人で検討したことを強調している。EUの要人と会談を重ねたことについても、「正直、私は、ドイツや英国など欧州の大国の首脳と会えば、それで十分だろう、と思っていたのです。でも、EUは重要だとさんざん私に説いたのが、今井秘書官でした」と述べる（195頁）。

新元号の選定をめぐっては、「途中から元号案のチームに今井尚哉政務秘書官に参加してもらいました。今井さんは「ストーリーが湧いてくるもの、情景が浮かぶものが良い」と言って、杉田さんや古谷さんを補佐するわけです。〔中略、「令和」は〕今井さんが指摘していた通り、全体のストーリーがあり、何となく情景も浮かぶでしょう」と語る（336－337頁）。

そして終章で改めて今井氏について聞かれた際には、以下のように評している。「彼は内政・外交のオールラウンドプレーヤーです。もちろん情熱もある。〔中略〕第2次内閣以降も、今井さんは平気で私に厳しいことを言い続けました。「首脳会談で紙を読んでばかりいてはダメだ、相手の反応を見なきゃ」などと言ってくるわけです。私も嫌になって、大概にしてくれよ、と思ったことが何度もあります。ただ、そういう今井さんをはじめ、多くのスタッフが私のために身を粉にして働いてくれました」（380－381頁）。

歴史上、「自分はこのように大きな働きをした」とか「首相に進言をして影響を与えた」などと証言（?）する首相周辺の人物は多いが、首相の側がこれほど赤裸々に側近の関与・貢献を語っている例は珍しい。安倍－今井関係の紹介という点でも、飾らずにこういった話をする安倍氏の人となりを示すという点でも、興味深い。

森喜朗氏との近さ、小泉純一郎氏との遠さ

政権の外に目を転じると、年長の政治家のなかでは森喜朗氏に度々親近感をもって言及している。例えば2012年の自民党総裁選出馬に関して、「私のことを思ってくれる人の多くが、出馬には慎重でした。〔中略〕私の母も妻も兄も、まだ早いという考え方でした。森元首相も「今

度戦って負けたら、二度と出馬できないぞ」と仰っていた」（96頁）、と家族と並んで森氏の名が挙がっている。

一方、対照的な位置づけなのが、小泉純一郎氏である。森・小泉両氏を対比するかたちで、「北方領土問題に強い関心を持っていた森さんは、互いに首脳になったばかりの間柄だったから、プーチンを盛り立てて、平和条約交渉を進めようとしたわけです。ただ、森さんは1年で退陣してしまった。次を託された小泉純一郎首相は、残念ながら森さんほど対露関係に情熱を持っていなかった。そして日露関係は冷え込んでしまいました」（181頁）、であるとか、「私は、小泉純一郎元首相には、いくつもポストに就けてもらいましたが、育てられたとは思っていません。私を官房副長官にしてくれたのは、森喜朗元首相です。森さんの後継の小泉さんは、引き続き私を副長官にしましたが、それは、小泉さんや私が所属していた派閥・清和政策研究会の中から、不満が出ないようにするためだったと思います」（383頁）、などと述べている。

あるいは、中曽根康弘元首相らへの引退勧告をめぐって小泉氏に苦労させられたことを語り（74―76頁）、2003年の幹事長就任に関しては、「当時、幹事長というポジションは、全く望んでいなかった」、「全く嬉しくはなかった」、「小泉さんが私を幹事長にしたのは、自民党支持者の中で私の人気があったから、それを選挙目当てで利用しようと考えたわけでしょう」とまで言う（73、74、383頁）。

このように小泉氏への批判や辛辣な言が繰り返し述べられたことには、実際の関係性の反映という面に加えて、二つの背景があるように思われる。一つは、小泉純一郎氏は森氏と違ってもはや自民党内に影響力がなく、かつ息子の進次郎氏も安倍氏にとって近しい存在ではない（253頁参照）。もう一つは安倍氏が、小泉氏に引き立てられて次代のリーダーになったように語られがちなのを否定したいと思っていたことだろう。小泉氏との隔たりを強調し、自分は小泉氏に育てられたわけではないと説明することは、「ポスト安倍」の不在をめぐってしばしばなされた批判的論評への直接・間接の応戦だった（382―383頁参照。なお後述の通り、本書聞き手の橋本五郎氏は2020年の安倍氏へのインタビューでも、後継者育成を途中であきらめたのではないかとの問いを投げかけている）。

どこまで同時代的認識に基づく語りか

本書を読むうえで注意した方がよさそうな点、あるいは引っかかりを覚えた点にも触れておく。本書で安倍氏は、「3期9年の長期政権を目指そうと意識し始めたのはいつからですか」という問いに対して、「図々しい話ですが、総裁に返り咲いた12年の秋からです。当時、私の選対の責任者だった菅さんと、党則改正で3期9年を目指そうという話をしたのを覚えています。憲法改正や外交安全保障の安定を考えれば、2期6年じゃできないね、と」、と答えている（254頁）。

ところが、北村滋氏・菅義偉氏・橋本五郎氏の鼎談で北村氏が「総理は、「菅さんと相談して、2次政権の最初から長期政権にしようと思っていた」とおっしゃっていました。そのつもりだったって」と水を向けたのに対して菅氏は、「1次政権は1年じゃないですか。2次政権はせいぜい2年ぐらい、という思いでしたね。最初は何年もできるとは思っていなかった」と答えている(北村、菅、橋本「回顧録が明かす安倍政治の戦略と人事」)。当初から「3期9年を目指そう」という話が出つつ菅氏自身は「何年もできるとは思っていなかった」のかもしれないが、長期政権化への意識について安倍氏と菅氏の発言から受ける印象はずいぶんと異なる。

回顧録・回顧談はしばしば、過去の認識や状況を後知恵的に説明する問題がつきまとう。つまり例えば、実態以上に当初から予定通り進行したように、あるいは全体像が見えているなかで合理的に対応したように語るといったことが起こる。本書に限らず、一般的にそうである。安倍氏および第二次安倍政権がその時々に状況を把握し戦略的に物事を進めていった面が多分にあるのはたしかだろうが、安倍氏がそれをウリにして自己演出しているようにも見える。どこまでが同時代的認識に基づく語りなのかは、よく注意して読む必要がある。

北村滋氏について

もう一つ気になったのは、監修の北村滋氏についてである。北村氏は安倍氏・安倍政権の「ちゃんとした回顧録を出してもらおう」と思って新聞や雑誌記事のスクラップをおこなっており、それは全部で300冊に及ぶという(北村、菅、橋本「回顧録が明かす安倍政治の戦略と人事」)。公文書類に加えてこの北村氏のスクラップが資料として供され、安倍氏はそれを読んだうえでインタビューに臨んだ。

本書末尾には、「北村滋前国家安全保障局長は、第1次内閣から蓄積してきた資料の提供や事前の安倍さんとの打ち合わせをはじめ、インタビューのすべてを支えてくれました」と書かれている（395頁）。北村氏は、「常に取材に同席して」いた（櫻井、橋本「『安倍晋三 回顧録』の衝撃」）。

つまり、北村氏はこの回顧録作成にかなり熱心に、濃厚に、関与していた。そしてそもそも、安倍政権の重要人物の一人である。にもかかわらず、本書において北村氏の影は薄い。北村氏への踏み込んだ言及は特定秘密保護法のところで見られるくらいで（389―390頁）、違和感を覚えるほどである。職掌上、北村氏関連の話題は話しづらいといったことがあったのだろうか。あるいは、話されたが最終的に原稿に残らなかった部分があるのだろうか。

翻って、北村氏はいかなる経緯で回顧録作成に関わることになったのだろうか。橋本氏が安倍氏にインタビューを申し込んだことと、北村氏が回顧録作成に備えて資料の準備をしていたというのがどのように交わったのか、これまでのところ不明である。

また、本書を通じて財務省は第二次安倍政権が闘い続けた強敵・巨悪という位置づけであり、次いで外務省批判も繰り返しなされている。これについて北村氏は、「財務省と外務省とは、まさに米国による占領政策とともに「戦後レジーム」を維持形成してきたエスタブリッシュメントそのものです。この回顧録を読めば、安倍政権がどのようにして既存のエスタブリッシュメントと闘い、旧弊を打破しようとしたかが分かります」（橋本、北村「森友問題は財務省の策略」）、と安倍氏以上に踏み込んで、整理されたかたちで説明している。本書は安倍氏の回顧であるのと同時に、北村氏がサポートする範囲での安倍政権チームによる回顧という面があるようにも感じられる。

ジャーナリストと安倍氏の間でのみ話が進められるでもなく、安倍政権のスタッフが総出で関わるでもなく、北村氏のサポート・監修で作成されたというのは、本書の一つの特徴である。この回顧録との関わりについて、北村氏にはぜひいずれ語っていただきたい。

参考材料としての陸奥宗光『蹇蹇録』

さて以下では、本書の成り立ちについて検討していく。本書は、退陣からあまり時間が経たないなかで公刊された元首相のインタビュー記録である。

過去に類例がないかと考えてみると、例えば外交に関する橋本龍太郎元首相のインタビューが2002年3・4月の『国際問題』に掲載されている（後に五百旗頭、宮城編『橋本龍太郎外交回顧録』。インタビュー実施は2001年12月～2002年1月）。橋本内閣退陣（1998年7月）からの経過時間は短く、また橋本氏は敗れたとはいえ2001年の自民党総裁選にも出馬した現役の有力政治家だった。ただしこれは『国際問題』の「日本外交インタビューシリーズ」の一環で、先行して宮沢喜一・中曽根康弘両元首相のインタビューも掲載されており、橋本政権の回顧録を残そうとした趣旨ではない。かつ、取り上げられた話題については詳述された貴重な記録だが、本書と比べれば紙幅はずいぶん限られている。

そこで、元首相ではないが、政権の中枢にいた人物が国政の枢機に関わる事柄について時間を空けずにまとめた回顧録として、陸奥宗光の『蹇蹇録《けんけんろく》』がある。陸奥は明治時代、第二次伊藤博文内閣期（1892－96年）の外務大臣。日清戦争時の日本外交について戦争終結直後に詳細に記した『蹇蹇録』は、近現代日本政治史上、最も名高い回顧録（メモワール）といっても過言ではない。

日清戦争は1894年7月に始まり、1895年4月に講和条約（下関条約）が結ばれる。そこでロシア・フランス・ドイツの勧告を受け、日本は下関条約で獲得した遼東半島を清に還付することとなった。三国干渉である。そのすぐ後、6月から西園寺公望に外務大臣臨時代理を任せて病気療養に入った陸奥は翌1896年前半にかけて『蹇蹇録』を作成し、1897年に病没した。政府内部の意思決定過程や外交上のやりとりなど機密に満ちた『蹇蹇録』が正式に世に出たのは、それから30年以上が経過した1929年だった。

こうした経緯を見ると『蹇蹇録』は、三国干渉をめぐって外交当局者として世上の批判を浴びた病身の陸奥が歴史の法廷に供するべくまとめたかのようである。しかし、実はそうではない。『蹇蹇録』作成当時の陸奥は、「死期がすぐ近くにあると考えるほど衰弱もしていなかったし、ましてや政治舞台から身をひこうとも考えていなかった」。そして、『『蹇蹇録』は、陸奥が今後の外交はもちろん、政府のリーダーシップをもとる能力があり、また取る用意があるという、「政治的戦闘宣言」の書」だった(酒田「『蹇蹇録』考」)。

つまり、結果的に陸奥がすぐに亡くなったことで『蹇蹇録』は遺言的様相を呈したが、陸奥は現役の政治家として自身の確かな外交手腕を示す『蹇蹇録』を書いたのであり、それを機にさらなる政治的台頭を見すえていた。『蹇蹇録』は長らく秘本扱いされることになるものの、陸奥は関係者に配るなどしていた。

本書成立過程

以上の『蹇蹇録』に関する知見は、本書を読むうえで参考になる。すなわち、インタビュー実施・記録作成の時点における状況について、その後に生じた展開に引きずられずに考える必要があるということである。

本書ならびに末尾に掲げた諸文献の記述に基づき本書の成立過程を追っていくと、まず、2020年7月、『中央公論』でのインタビューの際に橋本五郎氏が安倍氏に、回顧録作成の申し入れをおこなった。周囲に人がたくさんいたため部屋の脇でこっそりと安倍氏に話し、快諾してもらったという。この時点では、自民党総裁として3期目の任期が終わる翌年以降のインタビュー実施という想定だったが、いずれにせよ、退任後速やかに語り、公刊するとの趣旨は了承されている。

その後、8月に安倍氏は退陣を表明し、9月に菅政権が発足する。橋本氏（ら）は、退陣理由が健康悪化ということもあり、回顧録作成についてはしばし静観ないしあきらめの状態だった。ところがほどなく、安倍氏から「やりたい」との申し出があった。

インタビュー開始までの過程は本書および本書刊行後の関係者の対談などで説明されているものの、前述の通り北村氏がどの時点からいかなる経緯で関わるようになったかや、安倍氏が最終的にインタビューに応じるまでの安倍氏側の動向など不明確な部分があり、やや不思議ではある。ただともかくもこうして、2021年10月にかけてインタビューはおこなわれた。

2022年1月、回顧録の原稿は（ほぼ）完成した。しかし安倍氏から「待った」がかかり、出版はいったんペンディングとなり、そのうちに同年7月に銃撃事件が発生し安倍氏が亡くなる。そして安倍昭恵氏の了承を得て、2023年2月に『安倍晋三 回顧録』は刊行された。

語る動機――2020年インタビューとの比較

安倍氏はなぜ、回顧録の作成に前向きだったのだろうか。それを考える際に手がかりとなるのが、既に何度か言及している、『中央公論』2020年9月号掲載の安倍氏のインタビュー（聞き手：橋本五郎氏）である。

新型コロナウイルス問題など、同インタビューで取り上げられている事柄の多くは、本書でも尋ねられている。そこで安倍氏の発言を比較してみると、明らかに2020年インタビューの方が抑制的である。現役首相としてはやはり、「構えた」語り方にならざるを得ない。本書はよりあけすけで、言いたいことを言っている観が強い。

2020年のインタビューでは、先に触れた後継者育成を途中であきらめたのではないかとの質問に、「そんなことはありません」と答えているものの、自分は小泉氏に育てられたわけではないという話は出てこない。

あるいはクルーズ船「ダイヤモンド・プリンセス」をめぐる対応について、2020年インタビューにおいては、「〔他に対応方法がなかったことは〕世界からも理解されており、イギリスのジョンソン首相など感謝のメッセージもたくさんいただきました」と述べている。一方、本書の発言は、外国の無責任さの指摘や当時寄せられた批判への反論が主である。

コロナ対応について全般的に、2020年インタビューにおける安倍氏は、反省すべきは反省しながら善処していきたいといった低姿勢のトーンで、むしろ聞き手の橋本氏が繰り返し、世の中に自身の考えをもっと主張していくよう安倍氏に発破をかけている。それに対して本書では、コロナ対応をめぐって、いかに厚生労働省に問題があったかといった話が大きく語られている。

これらからうかがえるように、野党や良好でない関係性のマスメディアに対しては首相在職中から激しい言葉も辞さなかった（本書の表現を用いれば「ファイティングポーズを取っていた」（168頁））安倍氏だが、世上にただよう批判や不満に逐一反駁するというのは難しく、言いたいが言えないことは多々あったと推察される。そうであれば、首相の座を離れたのを機に自身の政権・施策について自身の口で存分に語るのは、安倍氏にとっても魅力ある企画だっただろう。

安倍氏は、歴史の法廷に向き合うべく、慎重に言葉を選びながらこのインタビューに臨んだのではない。首相在職中の疾走感と熱気はなお消え去らず、他方で首相の重荷からは解き放たれて、縦横に語ったのである。安倍氏はいまだ枯れた境地からは遠い、現役の政治家だった。

「待った」について

逆に、2022年1月に回顧録がほぼ完成したところでなぜ安倍氏は出版に「待った」をかけたのだろうか。これについて橋本氏や北村氏は、安倍派会長に就任したことと結びつけて説明している。安倍派会長であろうとなかろうと本書は現役政治家としては色々と包み隠さず語りすぎているようにも感じるが、当初は回顧録刊行をテコに再浮上しようと思っていたがその必要がなくなったと解釈すれば、たしかに安倍氏の立場の変化と「待った」は関連しているのかもしれない。

別の可能性としては、自然体で語っているうちに——本書および聞き手の大きな功績である——、思った以上に語りすぎたのかもしれない。あるいは、最終的に刊行するに当たってはインタビュー記録にもっと手を加える（改変・削除する）ことを想定していたのかもしれない。

いずれにしてもここで誤解してはならないのは、この安倍氏へのインタビューは元々早期公刊を予定したものであって、安倍氏の「待った」も、10年後や死後に公開といった話ではないということである。現に聞き手の橋本氏は、「待っても半年から一年ですよ」と安倍氏に伝えたという（橋本「門外不出の回顧録」。なお、「「待って半年」だと思っていた」との説明もある（櫻井、橋本「『安倍晋三 回顧録』の衝撃」）。

本インタビュー記録がたどるはずだった道

では銃撃事件による安倍氏の急死という不測の事態がなく2022年中ないし2023年に回顧録が出版されたとして、今われわれが手にしているのと同内容になったかといえば、それはおそらく違う。橋本氏も、「安倍さんがご存命で、二〇二二年中に出そうとしていたら、内容は半分以上削られていたでしょうね」と述べている（櫻井、橋本「『安倍晋三 回顧録』の衝撃」）。半分以上かはともかく、相当な改変がなされたはずである。例えば、日露関係やロシアのプーチン大統領への深い思い入れを感じさせる発言の数々は、ロシア・ウクライナ間の戦争が続くなかにおいて現役有力政治家の安倍氏としては表に出しづらかったのではないか。様々な人物や組織への鋭い批判も、削除ないし表現を弱めるといった修正がなされただろう。

そのようにして安倍氏が存命のなかで本インタビュー記録が世に出た場合、いかなる意義を持ち、どのような反応を引き起こしただろうか。さしあたり、四つのことが指摘できる。第一に、安倍氏および安倍政権についての理解増進に資した。ただし、改変の度合いが少ない今われわれが手にしている本書の方が、より意義深い。第二に、記録の公刊を機に、他のジャーナリストや研究者、安倍氏周辺の人物などが働きかけ、さらに安倍氏から語りを引き出そうとしたと思われる。第三に、安倍氏および安倍政権をめぐる党派的な言論戦が生じただろう。本書をめぐっても安倍氏の発言内容に対する批判的論評が既に少なからずなされてきたが、安倍氏が存命であれば議論の激しさは現在の比ではなかったはずである。第四に、安倍氏の政治的資産となった。例えば、戦略的に外交を展開し、他国首脳と堂々と渡り合い、尊敬すらされていたといった話は、安倍氏の国内的評価を高めただろう。財務省との激しい格闘のストーリーも、増税・負担増に抗する政治家としての支持につながり、それらは、果ては三度目の首相登板待望論を基礎づけたかもしれない。

おわりに

右に書いたように、首相を辞めたとはいえ現役のきわめて有力な政治家が政権時の回顧録を刊行するというのは、現実の政治情勢にも大きな影響を与えたと思われる。ただそのことの党派的見地からの評価はさておき、歴史史料の生成という点では、ともかくも可能なときに可能な形態で（元）首相などの話を引き出しておくのはありがたいことである。

本書も、この重要なテーマが深掘りされていないであるとか別の聞き方があったのではないかなど、挙げ始めれば難点は色々とあるだろう。それで、よいのである。本書は、いわば安倍氏の決定版回顧録として刊行されており、事実、安倍氏の急死によってそうなってしまった。しかし本来は、安倍氏はこれで語り納めというつもりはなく、機会があれば後日別のロング・インタビューも受けただろう。もし今後日本で元首相の回顧録を早期に刊行する文化が根づくとすれば、そのように初めからあまり完璧を求めすぎず、検証や再インタビューを経ながら歴史史料が紡がれていくと考えた方がよいように思われる。

最後に、関係各位におかれてはぜひ、本インタビューの録音データ、当初の完全な文字起こし原稿、聞き取り時および準備段階で安倍氏に提示した資料などを資料館に収め、将来的にでも公開されるようにしていただきたい。安倍晋三記念館のようなものが設立されるなら、そこで所蔵するということでもよいかもしれない。そのようにすることで、この安倍氏へのインタビュー記録は、真に歴史的な史料となるだろう。

※本稿は、2023年4月8日の「オーラル・ヒストリーの集い」における筆者の報告を基にしたものである。当日議論してくださった皆様に御礼申し上げる。

◉参考文献（副題は適宜省略した）

安倍晋三（聞き手：橋本五郎）「コロナ第二波に万全を期す　拉致問題は任期中に結果を出したい」（『中央公論』2020年9月号）

五百旗頭真、宮城大蔵編『橋本龍太郎外交回顧録』（岩波書店、２０１３年）
北村滋、菅義偉、橋本五郎「回顧録が明かす安倍政治の戦略と人事」（『中央公論』２０２３年３月号）
酒田正敏「『蹇蹇録』考」（『日本歴史』４４６号、１９８５年）
櫻井よしこ、橋本五郎「『安倍晋三 回顧録』の衝撃」（『Hanada』２０２３年４月号）
橋本五郎、北村滋「森友問題は財務省の策略」（『Will』２０２３年４月号）
橋本五郎「門外不出の回顧録」（『文藝春秋』２０２３年４月号）
橋本五郎「聞き手が明かす『安倍晋三回顧録』秘話」（『ＦＡＣＴＡ』２０２３年５月号）
陸奥宗光『新訂　蹇蹇録』（中塚明校注、岩波書店、１９８３年）

オーラル・ヒストリーとしての意義と課題

村井良太　駒澤大学法学部政治学科教授

むらいりょうた　1972年香川県生まれ。神戸大学大学院法学研究科博士課程修了。日本学術振興会特別研究員を経て、2003年に駒澤大学法学部講師、同准教授などを経て、13年より現職。専攻は日本政治外交史。著書に『政党内閣制の成立 一九一八〜二七年』（有斐閣、第27回サントリー学芸賞受賞）『政党内閣制の展開と崩壊 一九二七〜三六年』（有斐閣）など。

はじめに――歴史と政治

ジョージ・オーウェルが1949年刊行の近未来小説『1984』に記した一節には時代を超えて胸を刺すものがある。「過去を支配する者は未来を支配する。今を支配する者は過去を支配する」（田内志文訳『1984』KADOKAWA、2021年、56頁）。すなわち、今を支配する者は過去の理解を左右することで未来を支配することができる。歴史の武器化という言葉も近年よく聞かれる。世界で歴史が道具として目的を持って使われる現在、なかでもロシアのウクライナ侵攻後はなおさらこの警句が響く。現代日本のような成熟した自由民主主義社会では、ありがたいことに政権を褒め続けることも批判し続けることも比較的容易である。しかし、ある種のポジショニングを離れ、褒めるべきは褒め、批判すべきは批判しようとすれば研鑽と勇気とが必要になる。それは社会が必要とする技術である。

「オーラル・ヒストリーの集い」という今年六回目の研究シンポジウムで、安倍晋三／橋本五郎・尾山宏・北村滋『安倍晋三 回顧録』（中央公論新社、2023年。以下、本書と呼ぶ）について短い報告をと依頼され、この本を読んだ。一読して貴重で面白い本であると思った。その上で、どれほど内容が新しいのか、また、読む側にリテラシー（読み解き能力）が求められるという感想を持った。

「オーラル・ヒストリーの集い」というのは、日本政治史研究者の御厨貴が約30年前に始めたオーラル・ヒストリーの方法や評価の継続的改善を目的として東京大学先端科学技術研究センターで開かれてきた。オーラル・ヒストリーそれ自体は、聞き取りを行うという点では多様であり、より長い歴史を持っている。その中でも御厨らが始めたある特徴を持ったオーラル・ヒストリーについて、私は以前「東京学派」と呼んでその経緯や特徴を整理した（村井良太「摂取世代の見たオーラル・ヒストリー 東京学派四半世紀のヒストリー」御厨貴編『オーラル・ヒストリーに何ができるか』岩波書店、2019年）。

私は「東京学派」をともに創ってきた者ではなく、日本政治外交史を志す一人として摂取に努めた世代である。1920年代の政党政治史研究からスタートし、その後、佐藤栄作など1960年代の高度経済成長期の政党政治、そして女性社会運動家で1981年に亡くなるまで長く参議院議員を務めた市川房枝について本をまとめた。その間、いろんな首相の回顧録や評伝、語りを読んできた。ここではオーラル・ヒストリーという一つの方法に関わる議論と、私自身のこれまでの政治学探究の中から、本書の面白さ、位置づけ、感じられる可能性、そして自由民主主義社会において民主政治家をけっして殺させてはいけないという点について論じていきたい。

オーラル・ヒストリーという観点から

本書の帯には人を引きつけるものがある。すなわち、〈知られざる宰相の「孤独」「決断」「暗闘」計18回、36時間にわたる未公開の肉声を全収録！〉と記されている。

そもそも本書はここで検討しようとしているようにオーラル・ヒストリーとして見られるべきものなのだろうか。そう自称しているわけではない。首相の回顧録は、親しい新聞記者がまとめたもの、政権チームが作ったもの、研究者が関与したものなど、作成経緯によっていくつかの種類に分けられる。

本書の聞き取りは政治記者の申し入れに応じる形で始まった。「御用聞き質問」はできるだけ避けるという聞き手の意気込みが記されている（395頁）。元内閣情報官が監修しているのが特に興味深い点であり、他に類例を見ない。とはいえ、オーラル・ヒストリーをあまり狭く解釈する必要はなく、本質的にどうかという問題である。

オーラル・ヒストリーを聞き取りと捉えれば大きく三つに整理することができる。第一に人類学的オーラル・ヒストリーと言われるもので、多くは文字を書かない、したがって記録を残さない人々の口述記録であった。それは従来残らなかった記録を残すだけでなく、大統領や首相など固有名詞で語る歴史を克服するための新たな挑戦を支える記録でもあった。第二に、ジャーナリズムや研究者の世界ではインタビューという手法は広く用いられてきた。ノンフィクション作品においても同様であり、素晴らしい聞き取りが重ねられている。直近の出来事を知ろうと思えば文書資料には限界があり、インタビューの優位性は疑えない。外交文書の公開は30年を一つの目安としている。そして第三に政治史的オーラル・ヒストリーと呼ばれるものがある。エリート・

オーラルと批判されたりもする。伊藤隆は当時まだ新しかった昭和史を実証的に研究するために関係者への聞き取りを重ね、あわせて資料の公開に努めた。また占領史研究でも米国で公開された文書を手に聞き取りを重ね合わせる努力が行われた。

私が東京学派と呼ぶ、御厨貴『オーラル・ヒストリー』（中公新書、2002年）に著されたオーラル・ヒストリーも政治史的オーラル・ヒストリーの中の一つである。それは「公人の、専門家による、万人のための口述記録」という考えを出発点とする。可能であれば世代の異なる複数の専門家からなる聞き手が、対象が活躍した時期だけではなくその生涯にわたって重複しながら聞き取りを重ねていく。それによって、ジャーナリストの筑紫哲也が「入念な準備の下で、繰り返し聞き書きを重ねるオーラル・ヒストリーの手法では、もともと本人は予期も意図もしていなかった、しかし第三者から見れば大事な事項に焦点を当てることができる」と述べた意義が発揮される（後藤田正晴／御厨貴監修『情と理——カミソリ後藤田回顧録』下巻、講談社、2006年、369頁）。

本書は首相オーラルである。政治史的オーラルとかエリート・オーラルと呼んでも誰に聞くかで大きく変わってくる。内閣官房副長官への聞き取りは聞いて初めて分かることが満載であった。先に直近の出来事を知る上でインタビューに頼らざるを得ない状況を述べたが、資料が出れば語りの必要がなくなるわけではない。文書資料に残らない事実がある。資料を作成する前提や常識は資料に記されない。政治史的オーラルには組織の文化や官房副長官、裁判官など本来資料を残さない人々の語りの重要性がある。

首相オーラルは声なき記録の最も対極にあると言えよう。そもそも首相は語る存在であり、オーラル・ヒストリーを行わずとも議会演説や様々な場でも発信する人々である。首相オーラルを考えたときに、まず民主主義における最高権力者の声を聞くことができるのは素晴らしいことである。

他方で、だからこそ「一将功成りて万骨枯る」ことはないかを憂うる。つまり、あまり早くに第一人者の語りが出ることで、他の語りを抑制する効果は無いか。そもそも元首相はどこかで政治家でなくなるのだろうか。安倍元首相には政界引退という雰囲気はなかったが、政治を引退した元首相という言葉自体なかば言語矛盾ではないかとも思う。このような問題には対処法がないわけではなく、聞き取りの方法によっていくらか克服できる。それは聞き手の選択である。

東京学派は専門家による聞き取りを重視して教科書を作り、教育プログラムも作った。本書には学術的訓練を受けた研究者が資料作成過程に入っていない。政治学の専門家も、歴史学の専門家も、オーラル・ヒストリーの専門家もいない。もちろんそれが絶対的な評価基準ではない。ジャーナリストとしての眼が入り、また事前検証されていないということは事後検証が必要であるというだけである。検証はこれからであり、声を残すことが第一義とみるべきであろう。本書は報道としての首相回顧録であり、これに賞を出すとすればジャーナリズム賞であろう。意義深い成果である。

『安倍晋三 回顧録』の読みどころ

本書は通算首相在任期間で20世紀初頭の桂太郎を抜いて憲政史上最長になった理由を明らかにするために政策決定の舞台裏や煩悶と孤独の日々を語って欲しいと考えた聞き手が申し入れたものである。民主主義国家での長期政権は伊達ではない。自分の望むタイミングで衆議院を解散できたり、そのための政策対応をしたりと与党が優位であることは当然であっても、一定の手続きと一定の期間内に必ず選挙を行わなければならない。政権最後にコロナ禍が起こり苦しい対応が続いたことも含めて語られる一つ一つの事実が重要であり、貴重である。

その上で本書の第一の読みどころは、気持ちが良いほどに政治的な本であるということである。ワード・ポリティクス（言力政治）という言葉があるが、語りは力であると感じさせるものがある。国内政治と国際政治をめぐる集合的記憶の構築が企図されているように読め、それは任期がなく常に選挙にさらされる議院内閣制の当然の帰結と言える。安倍元首相自身、「民主党政権はダメだったよね、というムードは、私がさんざん発信した影響もあって社会に定着していました」と述べている（262頁）。

政治的といっても単純に敵を下げ、自分を上げるというだけの本ではない。環太平洋経済連携協定（TPP）や戦後七〇年歴史談話の話は安倍元首相の視点から興味深い証言であるが、第一次政権での日中関係の劇的改善については淡々とした語りであるように感じた（80頁）。小泉純一郎内閣で冷え切った日中関係を安倍政権が「戦略的互恵関係」を打ち出して劇的に改善したことは同時代人には強い印象を残した。後に靖国神社に参拝しなかったのは誤りであったと語るようになったことと関わりがあるのだろうか。そのストーリーは必ずしも手柄話の羅列ではなく、どういう政治家として見られたいかが感じられる点で、構築的である。

全編安倍元首相らしい語り口と言うべきで、中曽根康弘元首相、小泉元首相とはまた異なる味わいがある。なかでも唐突に父方の祖父安倍寛の話が出てくることには、まさにゲームであると感じた（273頁）。自らのアイデンティティとして岸元首相とのつながりを強調してきた安倍元首相には、同じく祖父でありながらリベラルな安倍寛が無視されているという声があった。それへの応答なのだろう。ただ自身の政権について外交上のピークやタカ派政策のピーク、ハト派政策のターンを意識していたというのは興味深い。また、内容的にはロシアを相手とする北方領土問題では原則論を批判したが未解決、北朝鮮を相手とする拉致問題では原則論で未解決であった（183、142頁）。佐藤政権の沖縄返還のように長期政権期間内で解決がついていれば素晴らしかったが、もちろん相手がある話なので未解決かどうかはそれ自体が評価の基準となるわけではない。興味深いのは二つの問題で異なるアプローチが同じように正当化され区別されないという語り口である。安倍元首相から見たトランプ大統領とスタッフの話も日本の国益に沿った歴史素材を感じさせた（293頁）。

第二の読みどころは、第二次安倍政権の権力闘争が生き生きと描かれているところである。第一次内閣の失敗を振り返って「潮目は、一瞬で変わる」と常に攻める姿勢を崩さない（100頁）。民主党もそうだが、外の敵を徹底的に叩き、内から敵を出さないよう徹底する。「風雪に耐えた連立」として不可欠の政権パートナーであった公明党についても、牽制のため野党をたたいていることが憲法改正の話で出てくる（64、358頁）。いくつか言葉を拾ってみると、「解散と同時に決めてしまえば、党内の議論を吹っ飛ばせます。選挙で勝てば、財務省を黙らせることもできる」（271頁）。また、石破茂との自民党総裁選に関係して「野党と戦っている気分でしたね」と語っているのはまるで1970年代の角福戦争気分で、党内の同志的結びつきを求める姿勢が感じられないだけでなく（父安倍晋太郎世代の自民党指導者は上の世代の対立に辟易として競争の中にも和を求めた）、国民代表と国益の前には野党とも協力しなければならないという世界観は感じられない（305頁）。「日本の首相は、野党ではなく、党内抗争で倒されるのです」と喝破する（87頁）。ではそうして維持される権力をどう使おうとしたのか。改憲だろうか。北方領土問題の解決だろうか。一億総活躍社会の実現だろうか。必ずしもよく見えない。第一次政権で「戦後レジームの脱却に力が入りすぎていた」という反省からか（85頁）、第二次政権では保守の「岩盤」支持層についても全部ができるわけではないと突き放してすらいる（160、266頁）。

そして第三の読みどころは、2010年代の統治を担いながらも1980年代の残照としての第二次安倍政権という点であり、同時に1990年代以降の改革の時代の申し子であるという点である。それは1970年代の残照としての先の民主党政権と対比することができるかもしれない。

1980年代に長期政権を担った中曽根元首相との関係それ自体が良好である。小泉政権で幹事長として引退勧告に送られた安倍元首相を逆に励まし、涙が出るほど嬉しかったという（75頁）。大平正芳政権に始まる1980年代の日本は保守復調の中で国際国家を志向し、特に中曽根元首相はレーガン大統領との個人的な関係を築くことで経済摩擦や安全保障問題を乗りきる努力をした。また、サミットの写真でいかに真ん中近くに写り込むかに手腕を発揮した（『産経新聞』電子版2019年11月29日）。ネクタイの話をして興味を引いたのだという（元の証言である『産経新聞』1997年9月4日のインタビュー記事では軍艦マーチの話をしていたと語っており、自著『自省録　歴史法廷の被告として』新潮社、2004年、121頁でも軍艦マーチの説明をしていたと証言）。それは笑い話ではない。日本が世界から愛され経済大国として相応な扱いを受けることを国益とみなしたのであり、30年後に経済的地位も周辺の安全保障環境も大きく悪化する中で安倍元首相の共通する努力、すなわち世界の中で日本の存在感を高める努力は切実であった。

その安倍元首相の発言には新進党の最もまっとうな文化的継承者を感じ、党名は同じでも五五年体制下の自民党とはずいぶんと文化が異なる印象を受けた。新進党は1994年12月から1997年12月までのわずか3年間しか存在しなかったが、自民党大分裂を引き起こした新生党、日本新党といった1990年代の改革の時代を牽引した諸会派が流れ込み、自民党と官僚との協働、社会党との妥協政治など、従来の政治枠組みを批判した政治改革政党であり、自民党長期政権に閉塞感を感じた国民の瞬間風速的な強い支持を受けた。また、新進党のプロジェクトは冷戦終結と湾岸戦争への対応をめぐる挫折感からいわば強い国際国家となるための条件を完備しようとするものでもあった。実際、1990年代以降の改革は選挙改革を核として、中央省庁再編や官邸機能強化などに展開していったが、本書では官邸官僚の役割や小選挙区制での党首人気の影響力が語られ、橋本行革、小泉改革の果実の上に安倍長期政権があったことが分かる（86、90頁）。そしてそこに現れているのは選挙で勝つことを至上命題とする大衆政治家としての安倍元首相である。

このような興味深い回顧録であるが、まだ分からないこと、残念なことはある。第一に安倍元首相が何を大事に考え、何にはそれほど重きを置いていなかったのか。自伝であれば、語られていることとの取捨選択には元首相の意思が入っていると考える。しかし、聞き取りの成果としての本書、しかも生涯のすべてを聞き取ろうと始められたわけではない本書では、何が語られ、何が語られていないかについて、語りが薄いからと言って安倍元首相が軽視していたと推断できない。これは関係者の証言などで少しずつ明らかになっていくだろう。第二に、本来、せっかくの長期政権に何をしたのか、どういう時代だったか、隣交やTPP、つくりたいと述べた「すべての人にチャンスが与えられる多様な価値観がある社会」などについて、立体的に浮かび上がって欲しいがそうでもない（108頁）。ただただ前へ前へと政権を駆り立てる「モメンタム（勢い）」が感じられるばかりである（82頁）。

そして第三に、こうして読み解いてくる中で、理不尽に殺害されたことが表現のしようもなく残念である。記録が残ったことは素晴らしいが、語りの変化は死によって閉ざされてしまった。安倍元首相はまだ60代であり、少なくとも20年間は語り続けることができたはずである。その中で語りの追加はもとより、変化もあり得たし、社会の問いも変わっていただろう。本書が結果的に最後の包括的な語りとなったことを強い憤りとともに惜しむ。

この本が文庫になるときには解説が入るのだろう。安倍元首相は区切り区切りで本を出し、声を残してきた指導者である。解説があることで価値がさらに高まると思う。その時、第一次政権崩壊後につけていた「反省ノート」が世に出るにはまだ早いだろうか（93頁）。

伝記とオーラル・ヒストリー

本書を考える上でこれまでの首相の伝記や自伝、オーラル・ヒストリーについて考えてみよう。なかでも過去100年間での時代の変化に注目する。

20世紀初頭に桂太郎と政権を授受して二度首相を務めた西園寺公望《きんもち》は多くの語りを残した。と言っても最後の元老としての語りが多く、政治秘書が記録した言葉は、発言が情報として伝えられることで現実政治を動かすものであった。それは高等政治のアートである。

対して、1920年代に政党内閣制が成立していく過程では政党関係の出版物が多く現れた。いわゆる円本ブームの時期で、出版の大衆化も進んでいた。政友会と民政党の二大政党による

「憲政常道」の時代を迎え、男子普通選挙に基づいて無産政党の進出も始まる。その中で首相の回想も社会に提供された。政党内閣制確立のために党を割って邁進した高橋是清元首相（政友会）の自伝が新聞連載の後、書籍化、さらに随想録の刊行は二・二六事件で殺害された直後であった。濱口雄幸《おさち》首相（民政党）の随感録もピストルで撃たれた後に出版された。その後政党政治の時代が去り、敗戦後になると若槻礼次郎元首相（憲政会／民政党）は回顧録を残した。それは占領がいよいよ終わろうかという民主主義再建期に求められて語ったものであった。

対日講和条約と日米安全保障条約を結んで戦後外交の基礎を築いたと後に評価される吉田茂は座談の名手であったという。吉田への聞き取りは、自由党が政治的敗者となる中で同士に共有された生きた歴史であった（『回想十年』上中下、中央公論新社、２０１４〜15年）。安保を改定した岸信介も研究者のアプローチを受けてまとまった語りを残すことができた（岸信介・矢次一夫・伊藤隆『岸信介の回想』文藝春秋、２０１４年、原彬久編『岸信介証言録』中央公論新社、２０１４年）。

次に史料を残した人々がいる。佐藤栄作は吉田や岸とは違って膨大な日々の日記を残し、伝記類も興味深い。佐藤は、１９６４年の総裁選挙で池田勇人首相に挑戦した際に本を二冊出した。『繁栄への道』（周山会出版局、１９６３年）と『今日は明日の前日』（フェイス、１９６４年）である。前者の冒頭には「政治家は、活字を残すべきでない、とよくいわれます。政治家の任務は、著述や、評論ではない、という戒めでもあり、また、不用意に活字にすることによって他に迷惑をかけてはならない、ということでもありましょう」と記して、その意見に反対ではないが講演記録などをまとめたと言う。後者は人柄が分かる回顧録であり、いずれも1920年代と同じく政治的効果を狙った出版であった。

1975年に亡くなった佐藤は遺族の元に日記を残したが、周囲の反対もあって出版が滞る中（出版された現在でも一部が失われていることは大いに惜しまれる）、1983年、政権を支えた楠田實元首相秘書官らは佐藤長期政権の秘訣を本にまとめた（楠田實編『佐藤政権・二七九七日』上下、行政問題研究所）。この本はシリーズものの一点だが、楠田の元に関係する膨大な史料が残されており、信頼性の高さが再確認された（和田純編『オンライン版楠田實資料（佐藤栄作官邸文書）』丸善雄松堂、2016年）。また、遺族は日記公開を断念する中で旧知の政治記者に伝記の執筆を依頼し、1988年に刊行された（山田栄三『正伝佐藤栄作』上下、新潮社）。人間佐藤の伝記を求めた家族や秘書は草稿検討会も行ったという。

近年では、生前から資料や語りを残すことに積極的であった中曽根元首相に止まらず、大平元首相、三木武夫元首相、宮澤喜一元首相の資料が相次いでまとまった形で利用できるようになっただけでなく、福田赳夫元首相についても史料的根拠に基づく優れた評伝が出た（世界平和研究所編『中曽根内閣史』全六巻、世界平和研究所、1995〜1997年、小池聖一・福永文夫編『オンライン版大平正芳関係文書』丸善雄松堂、2018年、明治大学史資料センター編『オンライン版三木武夫関係資料』丸善雄松堂、2019年、伊藤隆監修『オンライン版宮澤喜一関係文書』丸善雄松堂、

2021年、五百旗頭真監修『評伝福田赳夫』岩波書店、2021年）。

そして東京学派の成果として、竹下登は『政治とは何か―竹下登回顧録』（講談社、2001年）を残した。政治改革の時代とも重なって聞き取りには新たな活力が吹き込まれ、冷戦後の首相も自らの語りを残すことに積極的である。薬師寺克行らが行った「九〇年代の証言」シリーズは素晴らしい（朝日新聞社）。アジア・パシフィック・イニシアチブの検証では関係者のインタビューが重視され、安倍元首相も証言した（『検証 安倍政権』文藝春秋、2022年）。本書も沈黙は金という時代から、雄弁こそ金という時代への変化を体現している。オーラル・ヒストリーを受けることは歴史法廷の義務であるとともに語る場が与えられるという点で権利のようにもなってきている。

『安倍晋三 回顧録』が感じさせる可能性

その上で未来の話である。結果的に安倍元首相の最後の語りとして私たちに遺された本書には、現時点での評価に止まらず、いくつもの未来に向けた可能性を感じさせる。

第一の可能性は、今後の史実究明の糧となり、政治における応答性を担保することである。これについて多言は要しないだろう。検証が続くことを期待する。

第二に、この本は英語や外国語にすることは考えられていただろうか。また、今後、翻訳されるだろうか。安倍元首相といえばスーパーマリオの出で立ちが思い出される。安倍政権は国際競争場裡で日本を売り出すことに力を注いだ。そうであればその指導者が国際社会の中でどう自己を物語るかは大切なはずである。リーダーは社会を象徴する。リベラルな国際主義世界でリーダーの回顧録自体が国際競争の有力コンテンツである。その点から見ると本書の質問は国内で話題になっていたことをよくとらえているのに対して、外交については語り下ろしに近いように感じた。世界を意識するならば国際的にも名高いジャーナリストが首相と行動を共にするか、政権に中立的な歴史記録官的な専門家が求められるのではないだろうか。

第三に、回顧録という文化と意義をめぐる可能性である。1920年代は国内共感がパワーとなり始めた時代であり、政党指導者の本や政党内閣の宣伝本がたくさん出たことは先に述べた。対して現在は国際共感がパワーとなる。オバマ元大統領の『約束の地』（上下、集英社、2021年）、緒方貞子回顧録などあげれば切りがないが、安倍元首相の回顧録は誰と競争すべきものであろうか。ドイツのメルケル前首相の回顧録はどうだろうか。いずれウクライナのゼレンスキー大統領の回顧録も出るのだろう。オーラル・ヒストリー東京学派の取り組みはデモクラシーと現代史の好循環を目指すものであり、優れた公人生活の最後には聞き取りがあることを踏まえて自らが関わった公務について記録をしっかりと残す努力をし、それを国民に返す意識を持つことが求められる。さらに説明責任は公務執行時の内省とより良き統治に結びつくことが期待される。安倍政権は日本政治の世界化に努めた。評価も国内向けでは止まらないはずである。

そして最後に、元首相の回顧録には歴史の証言以上の意義があるのではないか。それは人々と政治を結ぶ絆である。私は２０２１年10月から半年間在外研究の機会を得て米国フィラデルフィアに暮らしたが、遠くない時期に東南アジアから移民してきた大家さんの玄関にはオバマ元大統領の『約束の地』が置かれていて強く印象に残った。それは民主指導者の支持者との絆であり、社会の価値を示している。安倍政権は外に向かって価値の同盟を標榜したが、内に向かっても価値を重視したのだろうか。民主主義への負荷がますます高まっている中で、公文書の改ざんなど政治の信頼が問われる問題が続出したことは小さなことではない。１９２０年代の政党指導者の回顧録にはかえって支持者との絆が感じられる。いかに支えられたかをうかがわせ、また、共に我等である日本国民に国際性や道徳を求めるものもある。彼等は自由と近代と国際協調という明治以来の価値を社会の中で体現していた。

おわりに――大衆政治家と私達のデモクラシー

竹下元首相の回顧録に官房副長官時代の佐藤栄作首相とのエピソードがある。ある日の閣議である閣僚が「公定歩合を下げるべきだ」と発言したところ、佐藤が公定歩合の決定は中央銀行の専権事項で、閣議で議論すべき問題ではないと述べたという。関心を抱いた竹下が閣議後に聞くと、「昔は三井が政友会で、三菱が民政党、政治の恣意で金利の操作がなされると騰貴が起こる。したがって閣議の上で議論すべき問題ではない」と由来を語ってくれたという（竹下前掲書１８７頁）。首相を務めるほどの政治家は首相になる前にも重要な場面に関わったり、いろいろな話を聞いたりしており、より長期的な政治の知恵を後世に残す役割も果たしている。

安倍元首相の回顧は現役感が強く長期的な知恵の継承という点では今後も語り足されていくことが期待された内容である。突然の死が本当に惜しまれてならない。被疑者が述べた、宗教指導者には近づけなかったが安倍元首相を襲うことはできた、というのは重要である（『朝日新聞』2022年7月9日付）。それは民主的政治指導者の脆弱性を示している。原敬は党の地方大会に出るために使った東京駅で暗殺された。濱口も東京駅で襲われた。井上準之助は選挙応援の最中に演説会場の外で殺された。かように民主政治家は襲いやすい。だからこそ警察が、そして社会が彼等を守らなければならない。また、無産党代議士の山本宣治は右翼によって殺された。五・一五事件の犬養毅首相も居場所は分かっており、独裁者とは異なって警備も比較的手薄であった。暗殺がゆるされないことは当然である。その上で私達の自由や生活は民主主義制度の上にある。政治的立場はいろいろでも、選挙場裡に立つ政治指導者はけっして殺させてはいけない。

その上で竹下元首相の回想にもう一度戻りたい。そこで示唆されているのは、国民に支えられた強すぎる民主主義権力をどう運用していくかという問題である。占領下での民主化改革は単に外からの改革であったわけではない。1920年代にひとたび政党政治を経験しながら失ってしまったことへの反省があり、さらに奔放な民主的権力への矯正が埋め込まれていた（村井哲也『戦後政治体制の起源』藤原書店、2008年参照）。

こうした荒ぶる民主的権力への牽制は「戦後民主主義」が謳歌されながらも長らく維持されて

きたように思われる。政党内閣にはできること、できないことだけでなく、すべきでないことがあった。風向きが変わってきたのは1990年代に入ってからである。1990年代以降の政治改革は民主主義をよりストレートに発揮するためのものであった。民主的手続きに則っていると強弁さえできれば何をしても良いのだろうか。民主的権力は制度上での闘いと並行して、制度を守る闘いも同時に行っている。

回顧録や自伝には立場や視座があり、その像は意図してか意図せざるかを超えて歪んでいる。しかし、レンズの歪みにばかり心奪われるのではなく、適切に補正しながら読むことで民主政治下の主権者として多くの価値ある学びがある。本稿では外交についてあまり触れなかったが、面白おかしい人物譚や注目を集めた出来事以上に淡々と語られていく外交事案に優れた学びがあるように感じた。こうして貴重な聞き取りを通して本書の様々な頁から私達が今生きている世界を感じることができる。その出版を喜び、今後の糧とできるよう努めたい。

第4章

霞が関より

アベノミクスが成功したのは消費税率引上げが決まっていたからだ

元財務官僚

「『安倍晋三 回顧録』を読みました。まさかここまで財務省が嫌われていたとは知りませんでした。驚きました！」

本書が刊行された直後、旧知のジャーナリストから電話があり、読後感を聞かされた。その時点で自分はまだ本書を手にしていなかったのだが、永田町、霞が関をよく知る記者が、驚きました、と言うことこそが、驚きだった。安倍晋三元総理と財務省の緊張関係、安倍総理の財務省嫌いは、財務省において幹部ではない職員ですら、あるいは「財研」（財務省の記者クラブ、財政研究会の略称）の記者にとっても常識だったからである。

だが『安倍晋三 回顧録』を読むと、安倍総理と財務省の関係を知っていた者ですら、ここまで安倍総理は財務省を嫌っていたのか、と思わざるを得ない。本書には安倍総理がいかに財務省を敵とみなし、闘ったか、その様子が赤裸々に綴られており、計70回近くほどある「財務省」への言及の多くが不信感の表明である。特異である。

本書の中で安倍総理は、財務省が主張する消費増税が、いかに政権に大きな打撃になるのかを繰り返し述べておられる。しかし、私見ではあるが、アベノミクスがなぜ成功したのかといえば、先に消費増税が決まっていたからこそだったのではないかと考えている。

森友問題

本書の中で、メディアが繰り返し取り上げた箇所は以下だろう。

財務省と、党の財政再建派議員がタッグを組んで、「安倍おろし」を仕掛けることを警戒していたから、増税先送りの判断は、必ず選挙とセットだったのです。そうでなければ、倒されていたかもしれません。

私は密かに疑っているのですが、森友学園の国有地売却問題は、私の足を掬うための財務省の策略の可能性がゼロではない。財務省は当初から森友側との土地取引が深刻な問題だと分かっていたはずなのです。でも、私の元には、土地取引の交渉記録など資料は届けられませんでした。森友問題は、マスコミの報道で初めて知ることが多かったのです。

（『安倍晋三 回顧録』第9章）

「森友問題」とは、言うまでもなく、大阪府豊中市の国有地が、大阪市の学校法人「森友学園」に小学校用地として、更地価格9億5600万円から地下埋蔵物撤去費用の約8億円の経費が差し引かれ、1億3400万円で売却された問題である。開設予定の小学校の名誉校長に安倍昭恵夫人が就任していたことから、売却価格の決定過程に総理夫妻の関与があるのではないかと連日のように国会で質問された。

この事件が大きくなったのは、総理が、「私や妻がこの認可あるいは国有地払い下げに、もちろん事務所も含めて、一切かかわっていないということは明確にさせていただきたいと思います。もしかかわっていたのであれば、これはもう私は総理大臣をやめるということでありますから、それははっきりと申し上げたい、このように思います。」と答弁をし、財務省の理財局長が記録は廃棄した旨の答弁をしたことに始まる。

財務省は厳しい追及を受け、追い詰められたかのように、一部の職員が公文書の改ざんを行った。大阪地検の捜査が行われ、刑事事件には至らなかったが、関与した職員には人事処分がなされた。改ざんへの関与をよぎなくされた近畿財務局の職員が自殺を図るという大変に痛ましいことも起きた。

この事件を、総理は「財務省の策略の可能性がゼロではない」、「財務省は当初から……深刻な問題だと分かっていたはず」、「土地取引の交渉記録など資料は届けられませんでした。森友問題は、マスコミの報道で初めて知ることが多かった」と語る。

多数の職員に人事処分をもたらし、職員一人を死に至らしめるようなことを財務省が策略するだろうか。総理の足を掬おうと策略して失敗したというのだろうか。財務省は当初から深刻な問題と知っていただろうか。なぜ総理はマスコミの報道で知ることが多かったのか。

財務省と言えば、予算、次いで、税制、そして国際金融か。大蔵省と言っていた頃には、銀行や証券も。政治家が恐れる国税庁は財務省の外局。世間の方々は関税と聞いて、そう言えば、税関も財務省だったと思われる。理財と聞いても、何をする部局か。まして国有財産なんて、何をしているの、というところではないか。財務省内でも理財局以外で国有財産業務を知る者は多くない。森友の問題は実はここにある。

当時の局長について、麻生大臣は適材適所と評されているが、それは国税庁長官としての評価であり、理財局長としての適性についてではないであろう。なぜならそれまで理財局、国有財産行政についての経験はないからである。経験があれば、文書の保存について安易なことは言えない。また数千億円相当の国有財産、ということは幾百、幾千の個々の土地のことを理財局長が、ましてや国有財産業務初めての局長が知るわけがない。財務省の幹部も国有財産事務についてよく知る者は少なく、理財局長の答弁を皆信じていた。

何らかの理由で森友案件、個別の土地の売却を知っていたら、策略を仕掛けるほどに知っていたのだとしたら、あんな無様な国会答弁をするだろうか。記録は破棄したと答弁し、それによって総理が守られていたかもしれないが、崩れていく。

もし初動の段階で理財局長が「個別案件については本省で把握しているものではないので、確認の上、答弁させていただきます」と誠実に答えてさえいれば、財務省は事実関係を調べ、官邸と国会に正しく報告することができたはずである。その後の調査で明らかになっているとおり、土地取引自体には特段の不正がないことも、総理の関わりがないことも報告できた。

また、総理に土地取引の交渉記録など資料は届けられなかったということは、財務省との緊張関係のためなのか、総理周りの職員の問題なのかは別にして、総理自身を守ったとも考えられる。改ざんする前の文書を見せられていたら、総理はどうしたのであろう。改ざん後の文書について嘘の報告を聞いてよかったのか。

森友事件を巡る事実関係については今も問う声がある。財務省は省内の者で調査し、公表したが、第三者委員会に調査させるべきだったという意見もある。しかし言われないことがある。この国で最も厳しい機関、地検特捜部が捜査し、刑事訴追には至らなかったことである。しかも検察が明らかにした改ざんが報じられている。

総理が本当に「安倍おろし」、「私の足を掬う」ため財務省の陰謀を疑っていたのであれば、法務大臣を通じて、大阪地検から事実関係の報告を受けることができたのではないか。

さらに言えば、森友事件は朝日新聞の大阪社会部の記事に始まるが、財務省の陰謀だとすれば、財務省は朝日新聞に頼んで報じてもらったのか。その朝日新聞が改ざんを報じたのである。改ざんの報道は刑事訴追がないことを予感させるものでもあったが、財務省の職員の人事処分に至った。

森友事件は、初動対処の誤り、忖度によるものであろう。にもかかわらず、すべてを知りうる立場にあった総理が、財務省の策略、財務省は知っていたはず、と考えるのは、特異である。

増税と金庫番は嫌われる

安倍元総理は、財務省は省益のために増税を言う、と考えていた。

彼ら（※筆者注　財務省）は省益のためなら政権を倒すことも辞さない。谷垣さんは12年に一体改革の合意を決めた当時の総裁だし、「合意を守るべきだ」と谷垣さんに言ってもらおうと。谷垣さんは財務相経験者だし、主張は増税派に近い。けれども、財務省の謀略には乗らなかったのです。政治の不安定化を招くようなことを嫌ったのだと思います。

（同　第9章）

これに対して、月刊『文藝春秋』誌上で斎藤次郎・元大蔵次官が財務省は省益ではなく国益を守ろうとしているのだと指摘している。

財務省の省益という議論はいろいろなところで言われている。財務省は自らが思うように予算編成をし、税制改正をしたい。予算査定権限を思うとおりに行使する、これは省益である。もし財務省の言うとおり、健全な財政、均衡財政が国益である、あるいは、国益の議論の前提であると認めれば、それを損なうような予算要求、税制改正要望を諦めることになり、国民に不人気な、ということは政権を危うくする増税を担ぐことになる。財務省は自らの予算査定権限、省益を守るために言っているのだから、健全な財政という財務省の省益のための議論に乗ってはいけない

――といったものが主な論調である。

いろいろなところで言われているとしても、一国の総理がこうもあからさまに言われるのは、特異である。

増税を嫌う。それは政治家として当然である。何となれば、有権者が増税を嫌うからである。古今東西、自らのお金を召し上げられるのをよいという者はいない。

しかし既に巨額の累積債務を抱え、毎年予算の三分の一を国債で賄っているこの国の財政はこのままでは持続不可能である。歳出削減をするか、増税をするか。歳出削減といっても予算の三分の一は社会保障費、残りの予算は三十年間変わらずと言ってもよく、削減はかなり難しい。誰

もが嫌う増税を必要だというのが国の金庫番、財務省である。自分達が言わなければ、誰も言わない。増税が必要だと言うことが国の金庫番としての財務省の務めであると職員は任じている。

多くの政治の先生方もそれを分かっている。増税の必要性を理解していても、選挙区で投票してくださる選挙民の方々に、増税が必要だと説明するのは容易ではない。財務省が必要だと言うから仕方がない、金庫番が煩いのだ、と言うのが収まりやすい。

省益か国益かというより、何が国益かが問われるべきではないのか。例えば、経済成長を重視するのか、弱者への配慮や公平を重視するのか、バターか大砲か、高齢者を守るのか、これからの担い手である若い世代か、というような国益を巡る議論はもっとなされるべきであろう。

例えば米国では、民主党は弱者への歳出増とともに金持ちへの課税、大きな政府を主張し、共和党は減税と歳出削減、小さな政府を主張する。歳入減と歳出増の片方だけ、あるいは歳入減と歳出増ともに言えば赤字が増える。そんな無責任なことにならないよう、歳出増を言う者は歳入増を併せて言い、歳入減を言う者は歳出減を言う。何が国益かを巡って厳しく対立するが、いずれも予算制約を前提にしている。

この国では、与党は財源を気にせずに歳出増、ときには減税を掲げ、野党はそれ以上に減税を選挙向けに主張する。予算制約はない。しかし、財政悪化が改善されなければ、いずれ金利が上昇するか、通貨価値が減少する。2%のインフレ目標というような状況ではなく、第二次世界大戦後のインフレのようなことになりかねない。今の日本は国内の貯蓄が政府の債務を相当に上回っているので賄えている。国内の貯蓄で賄えなくなれば、海外に国債を買ってもらうしかないが、その際、低金利で買ってくれるところがあるだろうか。財政事情が悪く、海外に国債を買ってもらっている国は高金利である。そうならないようにするというのは国益ないし国益の前提ではないのだろうか。

安倍総理や総理を支えた人たちにはこのような考え方が嫌である。よってこうした異論を排する。

バブル崩壊後、自民党の野党転落と政権復帰、橋本総理の中央省庁改革、小泉構造改革というように、日本は政治主導、官邸主導を目指し、今に至る。党内の非主流派を干し、霞が関を封じ込め、力ない野党は相手にすらされずに、官邸一強の傾向が強まった。異論、対立する意見を政治力で封じ込めることも普通になった。これも実は安倍総理が始めたことではない。総理が厳しく批判した民主党政権は霞が関不信だった。なかでも菅直人総理は、選挙に勝つということは「任期付きのお試し独裁」である、といった政治感覚だった。政権を取り戻した安倍総理は、厳しい菅義偉官房長官の捌きを通じて、反対意見は躊躇なく封じ込めた。実際にはその前からだが、制度的には２０１４年、ときの政権が霞が関の人事に本格的に介入できる内閣人事局が発足したことで、霞が関は萎縮し、政治に目をつけられるよりは、必要最小限の仕事を淡々とこなし、静かにしているほうが得だという空気が常態になった。政権への忖度も強まった。

私見ではあるが、民主政治とは、選挙で51％を獲得したからといって、異論を聞かなくてよいという政治ではないのではないか。選挙で圧勝した総理大臣であってすら、国会において反論には正面から向き合い、議論、討論をして合意を形成し、政策を展開するべきなのではないか。

ものを言わなくなった機関の一つに政府の税制調査会がある。税制については長い間、政府税調と自民党税調、自公政権となってからは与党の税調で議論されてきた。消費税導入に向けての議論で、当時の山中貞則自民党税調会長は、政府税調を無視する、と言われたことがあるが、それは政府税調の役割が党税調に劣らず重要であったからこその言葉である。政府税調が税制改正の議論を先行的に行い、党税調が与党として税制改正案を決める。それを受けて政府が税制改正大綱を策定し、税制改正法案を起案し、国会で審議され、税法となる。財政健全化を念頭に、増税の必要性、いかなる税制が望ましいか、消費税の導入を含めた抜本的税制改革、毎年度の税制改正に関わる考え方を政府税調が示してきた。

しかし第一次安倍政権下で政府税調は在り方が改まり、毎年度の税制改正に関わる答申を示さなくなっている。毎年度の税制改正について、なぜこの改正が必要か、という考え方を示す文書は政府にはないとすら言ってもよい。さらに与党においても昔は時の総理ですら税調会長には気を遣い、税調会長を官邸に呼ばずに総理自ら赴くことがあったほどだったが、こんなこともなくなった。こうして官邸の意向に沿わない増税を示してきた機関はものを言わなくなったのである。

政府税調が毎年度の税制改正に事実上関わらないのは岸田政権でも同様である。資産所得大国を目指してＮＩＳＡの拡充を行うに当たっても、防衛費のＧＤＰ２％とするにあたっての財源確保についても、政府税調は意見を表明していない。

高度成長が終わり、その後、バブル崩壊で経済は低迷し、少子高齢化、人口減少とともに低成長、財政悪化に至り、この国は全体として大きく変える必要があるのだろう。それには役所ごとの、縦割りの施策では駄目で、国全体の責任を持つ政治の力を強くする必要があるのだろう。ただし、国全体を変えるというときには、今がよければ後はどうでもよい、というようなことではなく、ということは、財政を含めて全体を長期的に、現実的によくすることでなければならない。容易ではないが、国全体に、未来の担い手を含めて全国民に責任を負う政治家が担わなくてはならない。安倍総理が岩盤支持を誇っても、憲法改正にまでたどり着けなかったように、社会は一様ではなく、異なる人々の集まりである。異論を力で封じ込めるのではなく、議論、討論で説得し、合意を形成すべく努めなければならない。

安倍政権下で常に財務省は政治主導を妨げる最大の抵抗勢力のようにいわれてきたが、元来、金庫番とはお諫めする役目ではないか。

世界中どんな国でも、否、どんなに小規模な組織、会社であっても、トップが何かをやりたいと暴走すれば、金庫番が金勘定をして台所事情を御説明し、暴走をお諫めするものだ。この国では、財務省は総理に刃向かうとされているが、地方自治体で、知事や市長、町長、村長が地域をよくする事業を行おうとすると、財政課が先立つものがありませんと申し述べて、首長に嫌われるのは多く見られる。国や組織に限らない。これは一般の家庭でも同じなのではないか。それによって現実の財政事情と「やりたいこと」をすり合わせ、身の丈に合った規模で新規案件に着手するのではないか。

お諫めするというのは異論を言うことである。政権の主、組織のトップからすれば煩い。しかし、金庫番がお諫めすることを諦め、ときの政権の言いなりになれば財政はどうなるのだろう。今はいい。しかし今の若い人が社会の中堅となり、高齢者になるとき、医療、介護、年金のためのお金どころか、安全保障のためのお金どころか、借金の返済に追われるだけになるのではないか。

金庫番がお諫めしない政治は危うい。

アベノミクスの「成功」は、将来の消費税率引上げとセットだったからこそ

安倍政権が消費税率引上げを二度にわたり延期している。

消費税率は14年4月に8％、19年10月に10％になったわけですが、10％への引き上げは、

二度の延期を経たわけです。最初の増税見送りは、14年11月の衆院選で、二度目の見送りは16年参院選でした。

14年に見送りを決めたのは、8％に増税したことによる景気の冷え込みが酷過ぎたからです。財務省は、8％に引き上げてもすぐに景気は回復する、と説明していたけれど、14年の国内総生産（GDP）は、4〜6月期、7〜9月期と2四半期連続でマイナス成長でした。財務官僚は、私が増税見送りを表明する直前の11月、私が外遊から帰国する際の政府専用機に、麻生副総理兼財務相に同乗してもらって、私を説得しようとしたわけです。しかしその機内で7〜9月期の速報値が判明し、「とてもじゃないが増税できない」と私が麻生さんに説明し、納得してもらったわけです。

（同　第9章）

増税をする、国民に租税負担を増加して引き受けていただく、ということは、消費に回るお金が減る。消費税率引上げ前の駆け込み需要と反動で説明しても、景気はすぐに回復しない。本来は、いったん消費は弱まり、成長は鈍化するが、財政健全化のためには、成長と財政事情の兼ね合いが大事ということのはずだ。しかしそれを言うと、増税できなくなる。駆け込み需要とその反動で説明する。無理がある。麻生太郎財務大臣も総理のお考えに「納得」されたのだろうか。麻生大臣は節目の時に官邸と財務省の間に立って何とか収められた。

しかし二度目の延期はその理由に無理がある。一度目の延期の際に、世界経済の危機のようなことが起きない限り延期せずに実施すると約したがために、G7サミットで日本が主催することをよいことに、世界経済の危機の可能性を持ち出した。延期をするためには他に手がなかったのだろう。しかしあの百年に一度の世界経済危機をどうにかくぐり抜けてきた世界の首脳、オバマ大統領やメルケル首相から日本は、安倍総理はどう見えたか。危機に際していなかった人だから言える、ということだったか。安倍政権が最初にしたことの施策に東日本大震災に対する法人特別税を止めたことがあるが、大震災という国難を皆で背負うとしたものを当時政治の第一線にいなかった総理が止めたことに通じるものがあろう。

二度目の延期で消費税率引き上げは景気が下降するとき、経済的には微妙な時期に実施された。もはやそのことは意識されていないが、その数ヶ月後にコロナウイルスの流行、事実上のロックダウンで、経済が大きく下落したためである。

G7サミットで世界経済危機がもう一度来るとまで言うほどに、安倍総理の意識、当時の政治においては消費税率引上げの延期が大きな事柄であった。しかし消費税率引上げを止めることまではしなかった。

時間が経って回顧すると、消費税率を二度、5%から10%へと引き上げたことは経済的に大きい。そして消費税率引上げは安倍政権にとっても、アベノミクスの成功の支えとなったのではないか。

なぜ、アベノミクスが「成功」したのか。アベノミクスの三本の矢は大胆な財政支出、異次元の金融緩和、そして構造改革であったが、結局、経済構造改革は大した施策はなく、拡張的なマクロ経済政策で経済成長を支えた。アベノミクスに期待した世界の金融市場も、安倍政権後半には改革がないことを見切っていた。拡張的なマクロ経済政策だけで、供給サイドで成長を促進できないのであれば、財政事情悪化への不安が高まったはずである。しかしそうならなかったのは、毎年度の予算編成も堅実に行い、消費税率引上げを二度にわたり延期はしたとはいえ実施したからである。安倍総理は民主党政権を厳しく批判したが、民主党政権下、三党合意で決まった消費税率引上げを、嫌っていたとしても、実施したのである。消費税率引上げこそが、どんなに大胆な拡張的マクロ経済政策を実施しても、市場の信認をつなぎ止めていたのではないか。アベノミクスが消費税率引上げのない政策であったら、日銀がどんなに国債を買っても、市場の信認は得られなかったのではないか。安倍総理も実はその大事さを分かっていたので、消費税増税を廃案にしなかったのではないか。消費税率引上げはアベノミクスの成功の支えとなったのではないか。

過去の政権は柔軟、温厚に捌いていた

安倍総理は、財務省が「私の足を掬う」とまで考えながら、このように評している。

内閣支持率が落ちると、財務官僚は、自分たちが主導する新政権の準備を始めるわけです。「目先の政権維持しか興味がない政治家は愚かだ。やはり国の財政をあずかっている自分たちが、一番偉い」という考え方なのでしょうね。国が滅びても、財政規律が保たれてさえいれば、満足なんです。

（同　第9章）

国の財政をあずかっている自分達が一番偉いと考えているとみられても仕方のない言動がないわけではない。財務省を取材する記者の少なからずから聞かされる。だが、財務省の者で国が滅びてもいいなんて考える者はいない。財務省は、その使命を、「国の信用を守り、希望ある社会を次世代に引き継ぐ」として、国を滅ぼさないために財政規律に取り組んでいる。

しかし増税は嫌われる。増税を担げば、内閣支持率は落ち、政権を終わりにすることになりかねない。財務省が「省益のためなら政権を倒すことも辞さない」と受け止められることもあろう。予算、税は政治そのもの、財務省幹部はその厳しさをよく承知している。

その上で、財務省は、国の金庫番として、時の総理、財務大臣に対して、それが誰であろうと、いつでも同じように財政健全化の重要性について説明してきた。安倍総理だから、特別に厳しい説明をしたということはない。そして、いずれの総理大臣も、財政健全化の重要性については理解していた。他方、例外なくすべての総理大臣が、有権者は増税を嫌い、政権を左右することを熟知していて、兼ね合いをとって政権運営をしてきた。

小渕恵三総理は、景気低迷の中、積極財政、九兆円の大減税を行ったことで知られる。その小渕総理も、財政健全化の必要性は十分に理解し、減税を行いながらも、来る抜本的税制改正、増税への検討を財務省にさせていた。残念ながら、小渕総理は道半ばで病にて亡くなられたが。

小泉純一郎総理は国債発行を30兆円以内に抑えた財政政策で知られるが、消費税率引上げを回避する方策とも考えられる。徹底した歳出削減を行い、これ以上は削減できない、増税すべきと言う声を待つという考えだった。

それぞれの総理が政権の政策と財政の兼ね合いを取って政権運営をしていたのである。若い政治家は何事かを成したくて政治家になられる。予算制約は邪魔だ。しかし政治家として偉くなり、大臣になり、総理になると、全体を見て為すことになる。そのときに、財政も含まれるようになる。歴代の総理は財政に詳しくならざるを得ず、財政再建を政権課題として掲げなくても配慮はしてこられた。

安倍総理も本書の公刊まではその一人だと捉えられていたように思われる。民主党を厳しく批判したのと同様、財務省に厳しく当たり、実際には、麻生財務大臣に兼ね合いを図ってもらい、延期しつつ、消費税率引上げを実施した。*

本書が明らかにしたのは、安倍総理が、歴代の総理と異なる、特異であるということではないか。アベノミクスの成功は消費税率引上げが支えていたにもかかわらず。

＊これは現在の岸田政権と比較するとなおさらである。１００兆円超の予算は、この30年間で70兆円弱から30兆円増加しているが、その大半は社会保障費と国債費であり、その他予算25兆円程度はほとんど変わっていない。岸田政権は、防衛費ＧＤＰ２％、ということは5兆円超の増額を、財源の議論を十分にせずに、決めた。その上、子供の施策で財源の議論を先送りにして歳出だけ決めようとしている。

厚労省と官邸の闘いではない
負の情報を伝えるのが官僚の役目

鈴木康裕　前厚生労働省医務技監（現・国際医療福祉大学学長）

すずきやすひろ　１９５９年生まれ。慶應義塾大学医学部卒業。医学博士。１９８４年厚生省入省。世界保健機関（ＷＨＯ）派遣、厚生労働省新型インフルエンザ対策推進本部事務局次長、防衛省衛生監、厚労省保険局長などを歴任し、２０１７年７月から20年８月まで厚労省医務技監。退職後、国際医療福祉大学大学院教授・副学長を経て、22年４月から現職。

聞き手・構成：川嶋三恵子（読売新聞論説委員）

だれの責任か――と問うのは建設的ではない

――『安倍晋三 回顧録』の第1章は、コロナ蔓延だ。2020年1月に日本でコロナ禍が押し寄せたころ、鈴木さんは医系技官トップの厚生労働省医務技監として、厚労省の対策を統括する立場にあった。

新型コロナウイルス対策の検証では、二つの視点が重要です。

一点目は、医学用語で言う「前方視的」に見ることです。すでに結果が出ていることを後から振り返るという「後方視的」な視点ではなく、情報量が限られ、これからどうなるかわからないというときに、どう対応したのか、という視点で検証する必要があると思います。

二点目は、対策がうまく行かなかったのはだれの責任だ、という指摘は建設的ではありません。『回顧録』にも書かれていますが、むしろ法律的な課題、組織のキャパシティ、事前準備の不十分さといった問題が積み重なっています。

おそらく5～10年後には、また別のウイルスか細菌がパンデミックをもたらすでしょう。今回の失敗を繰り返さないため、失敗の度合いを小さくするために、何をすべきかを考える必要があります。

――2019年12月、中国湖北省武漢市で原因不明の肺炎の発症が相次いだ。安倍首相（当時）は翌20

年1月10日に内閣情報官から報告を受けた、と回顧録にある。

当時、私は厚生労働省医務技監で、WHO（世界保健機関）の発表や報道には毎日、目を通していました。

世界各地で鳥インフルエンザに感染した人の死亡例は、年間500〜600件報告されています。全てがパンデミックになるわけではなく、その中で危険なウイルスにどう反応するかが大事です。

最初に新型コロナウイルスが検出されたのは1月9日です。そのときはまだ、ヒトからヒトへの感染は確認されておらず、1月10日の段階ではまだ「600分の1」のケースだったと言えます。内閣情報官の報告は念のため総理の耳に入れておく、ということでしょう。

なぜ、このときにきちんと対応しておかなかったのかと言うのは後出しジャンケン的な議論です。正直なところ、1月10日の段階で「大変なパンデミックになる」という確信が厚労省内にあったかと言えば、なかったと思います。もちろん中国の感染例は把握していましたが、この段階ではフルアラートではなかったということです。

2019年12月下旬には、安倍首相が日中韓首脳会談のため、中国を訪問しました。国際保健協力が議題の一つになっており、私も随行しました。後から考えれば、すでに患者が出ていたはずですが、騒ぎにはなっていなかった。もしパンデミックになるという意識があれば、訪中は中止されていたでしょう。

――安倍氏は『回顧録』で「中国国内で封じ込めができる（略）中国が封じ込めに失敗したら、日本の水際を固めればいいと」思ったと振り返っている。

水際対策ができるのは、日本のメリットです。欧州の国々では、シェンゲン条約に加入していれば鉄道でも車でも自由に移動できるので、水際措置は成り立ちません。日本は検疫がない国に比べれば、明らかに感染症流入を防止する機能があります。

ただし、2009年の新型インフルエンザがそうでしたが、国内への流入を完全に防ぐことは不可能です。感染症には潜伏期があり、発症前や検査で陽性が出る前に、すでに感染していることがあり得ます。

水際対策でできることは、流行の山が高くなる時期を遅くし、国内での対策の時間を稼ぐことです。

そこに誤解があると、「水際対策をしたのに、なぜウイルスが入ったのか」という議論になりがちです。検査や治療などのリソース（資源）は限られており、水際対策か国内対策かどちらにリソースを割くかは、合理的に判断しなければなりません。

――1月15日には、国内初の感染者が確認された。安倍氏は「正直それほどの危機感はありませんでした」と振り返っている。

WHOがヒト―ヒト感染を確認したのは1月21日ですから、まだそこまでの危機感はなかったのでしょう。さらに、これと同時期には、武漢からの日本人を退避させるという課題があり、その対応に追われていたという面もあります。

武漢では1月23日に交通がほぼ止まり、現地の日本人が帰国できず、医療も受けられない状況に陥りました。安倍首相は26日に日本人を帰国させることを表明しました。安倍首相は日本人が医療を受けられないという事態は、日本の安全保障上の問題だという認識をお持ちだったと思います。

――政府は、中国・武漢に飛行機を派遣し、現地の日本人を帰国させることを決めたが、感染の可能性もある帰国者をどう受け入れるかが議論になった。安倍氏は「厚労省は、法律上、症状のない人に隔離を強制することはできないと言い、自宅に帰そうという方向で話を進めようとした」と述べている。

総理の目にはそう映ったのかもしれませんが、我々行政官がよって立つのは法律です。

当時はまだ、この病気が感染症法上の何類にあたるのかも決まっていません。本人が希望していないことを国家権力で強制的にさせるには、法的手続きがなければできません、と私たちは説明したつもりです。

厚労省には、ハンセン病という苦い歴史があります。ハンセン病患者への差別や偏見を教訓として今後に生かす、と改正感染症法の前文に書かれたように、我々はその歴史を踏まえて対応しなければなりません。法的根拠がないまま、全員を隔離することは、後で振り返ったときに禍根を残す可能性があります。

後になって、新型コロナは発症前から周囲に感染させることがわかりましたが、当時はウイルスの特徴もわかっていませんでした。あやしい人はすべて隔離するという法律があるなら別ですが、それがない以上、たとえ総理の判断でも法律を超えることはできません。

結局、帰国者にはお願いベースで、国立国際医療研究センター（NCGM）で検査を受けてもらい、千葉県内のホテルに滞在してもらいました。ただ、同意が得られず、自宅に帰ってしまった人もいました。

元々、大手をふって自宅に帰ってもらうという選択肢はありませんでした。言い方の問題として、「法的権限はなくお願いですが、予防的に施設に入ってもらえますか」と言うのか、「法的権限はありませんが、政府の方針なので施設に入ってもらいます」と言うか、どちらかです。行政官としては、後者の言い方はできなかったということです。

安倍首相の厚労省不信の内実

――クルーズ船「ダイヤモンド・プリンセス」で感染者が発生し、2月3日に横浜の大黒ふ頭に帰港した。

香港でダイヤモンド・プリンセスを降りた男性が感染して死亡したことを受け、臨船検疫を行いました。

最終的には、3700人の乗員・乗客のうち、700人以上が感染し、結果的には2割が感染しました。咳などの症状がある人がいたにもかかわらず、船内でパーティーをやっていたことで感染が広がりました。

日本政府の選択肢は三つでした。

一つ目は、船ごと追い返す。実際、その後いくつかの国がクルーズ船にそうした対応をとりました。

『回顧録』にもありますが、船籍は英国、運航会社は米国でした。なぜ日本が全てを担わねばならないのか、という議論はありました。

二つ目の選択肢は、全員を下船させ、武漢の帰国邦人と同じように一時施設に入れることでした。

しかし、それだけの収容能力のある施設はなく、帰国邦人という限られた人数でも苦労したのに、数千人の乗員・乗客の面倒をみることはできないという結論になりました。

三つ目が船内での隔離です。やむを得ない選択でしたが、おそらく今、当時に戻ったとしても、同じ判断をすると思います。

誰が食事を運ぶか、高齢者の薬をどう確保するかなど細かい課題が次々に起きました。乗員は共用トイレとバスを使っており、そこで感染が広がったことも後でわかりました。

西浦博・京都大教授（当時は北海道大教授）の計算では、船内隔離後の感染者は、推計とほぼ違わない結果になりました。約2週間の発生の波を見ると、船内隔離の前に感染していた人ばかりで、隔離後は新たな感染はほとんど起きていなかったということです。

将来に備えて、3000室ぐらいの施設を用意し、常に食事や医療を提供できる体制を整える、というオプションもないわけではないですが、費用対効果を考えれば疑問です。

クルーズ船の集団感染に関しては、たまたま到着した国の政府がどのような責任を取るべきか、国際社会として事前に協議をしておくことも必要だと思います。


――武漢の邦人退避やクルーズ船対応では、官邸が司令塔になった。安倍氏は『回顧録』で、「専門家の意見が異なるので、私も判断に迷いました。厚労省の医系技官は、断定的なことは一切言わない。日本と世界の感染者数など数字の説明だけして、「こういう見方もあるし、こういう意見もあります」と言う」と語っている。


私も医系技官ですが（笑）、総理からご覧になると、そう見えるのかもしれませんね。

元々、医療の世界では断定的なことは言えません。ある患者さんに難しい手術をするとして、もちろん最善を尽くしますが、「絶対に成功します」とは言えません。そうならない確率が必ずあるからです。

断定的に言い切ることは、政治家には必要な資質かもしれませんが、医療では正しくない。「成功率はこのぐらいで、このようなマイナスの可能性がある」ということは、きちんと伝えなければなりません。

それが逃げているように見えたのかもしれませんが、決して自分たちが責任を負いたくないからではありません。「総理、絶対に大丈夫です」と断定的に言っても、そうならない可能性は常にあるのですから、負の情報も意思決定者には伝えなければいけません。

総理には、相当なプレッシャーがかかっていたと思います。未曽有の状況で、自分が間違ったら全て自分の責任に帰されます。一国のトップリーダーとして、「なぜできないんだ」という思いに駆られたであろうことは十分理解できます。

トップリーダーは孤独です。コロナだけでなく、いろんなことを同時に判断しなければならない。

我々も、総理に説明できるのは短時間です。外務省が各国の状況、文部科学省が学校休校を報告して、私が話すわけですが、極めて限られた時間で「絶対大丈夫です」と言い切れない場面もありました。

ＰＣＲ検査の不足と保健所の「目詰まり」

——当初、ＰＣＲ検査ができる医療機関は限られており、日本の検査能力は極めて低かった。安倍氏は「そもそも根本的に用意が足りなかった。厚労省は、ＰＣＲ検査を増やすことに消極的でした」と回顧している。

私は新型インフルエンザ対策推進本部事務局の次長だった２００９年、「保健所やＰＣＲ検査の増加が課題の一つだ」と文書にも明記しました。ＰＣＲ検査の拡充は必要ですが、いくつか考えるべきことがあります。

一部の論者は、ＰＣＲ検査を国民全員に行えば、すぐに感染拡大は収束すると主張しましたが、正直に言って、正しくありません。たとえ政府が号令をかけても、国民全員が検査を受けないでしょう。検査を受けるのは感染のリスクが少ない人だけで、本当に怪しい人は地下に潜る可能性が大きい。

流行当初、厚労省が３日間熱が続いた人が検査を受けるという流れを決め、批判されたこともありました。

しかし、検査のキャパシティが限られているときに、まず誰にＰＣＲ検査を行うかは大事な問題です。感染が疑われない人に検査を行えば、必要な人に検査ができなくなりますから、検査態勢がある程度拡充されるまでは本当に怪しい人に検査を集中したい、というのが担当者の総意でした。説明不足もあったかもしれませんが、検査できないと受け止められたのは残念でした。

ＰＣＲ検査は、ウイルスの中にある遺伝子を増幅して感染の有無を調べますが、日本では極めて鋭敏な基準が採用されています。海外では、日本より緩い基準になっている国もあり、基準をどう設定すべきかという議論もありました。

のちに出てくる抗原定性検査キットは、精度は若干低いですが、費用が安く、大量に生産できる。ＰＣＲのキャパシティが少なかったことは大いに反省すべきですが、次のパンデミックを考えれば、なるべく早く抗原定性検査キットを生産し、病院に行かなくても家庭ですぐに検査できる、という態勢を整えることが大事だと思います。

――コロナ対応の初動を担う保健所では、業務が増え続け、検査や入院を待つ患者への対応が遅れる「目詰まり」が生じた。

保健所は元々、結核のために作られた機関です。結核が減り、保健所の数も人員も絞られていましたが、過去の経緯から、感染症に関する業務全般を担ってきました。平時には支障はありませんでしたが、コロナ禍ではものすごい数の患者が出たことで保健所はパンクしました。

相談の電話を受けると、どこで検査を受けてもらうかや患者をどの医療機関に運ぶかを決め、車の手配まで担いました。疫学調査やその後のフォローも担ったので、到底、通常の人員では間に合わなかった。それが「目詰まり」の一因になりました。

――安倍氏は「感染症への対処は国の責任ですが、権限的にも予算的にも国が介入できる手段が少なかった」と指摘しています。

私の理解では、地方分権一括推進法が施行されて以来、医療や感染症に関して、厚労省が持っている法律的な権能は「自治体に対する技術的支援」しかありません。感染症対応は国の責任と言いながら、国の権限は極めて限られるのです。

例えば、国が示した重症者の定義と東京都の定義が異なっていたため、国内の重症者総数を正確に把握できないということがありました。

平時であれば、A県とB県の対応が異なってもいいのですが、有事の際には国全体として素早い動きができません。有事には、国と地方自治体の権能関係を一定期間、変えられる仕組みを作るべきです。

難しかったのは、知事と政令市長の関係です。政令市には保健所もあり、医療に関する権能を市長が持っています。例えば、神奈川県が発表した感染者数には、横浜などの政令市は含まれていませんでした。

有事の際には、政令市長の権限を知事に一時的に移行するという仕掛けなども、法律で作っておく必要があるのではないでしょうか。

もう一つ、私権の制限のあり方についても議論する必要があります。

コロナ禍では、若い人が多く感染し、高齢者が多く亡くなりました。若い人が高齢者にうつさないことが大切ですが、若い人を家に閉じ込めておくことはできません。

日本でも最初のうちは、保健師が毎日電話して家にいることを確認していましたが、韓国やシンガポールはＧＰＳを持たせ、家から離れると警告がなるという対策をとりました。なぜそれが可能だったかと言えば、仮想敵国があり、国防上、国民がどこにいるかを把握すべきだという意識があったからだと思います。

日本ではそんなことを考えたこともありませんでしたが、リソースが限られている中でより合理的な対策をするには、新しいテクノロジーを使うしかありません。どのように技術を活用するのか、平時のうちに考えておくべきです。

アビガンが使えず、病床が足りなかったワケ

——安倍氏は、新型コロナの治療薬として、抗ウイルス薬「アビガン」の承認を目指しましたが、実現しませんでした。

安倍総理は、日本製で効く薬ができたら、早くそれを承認したいというお考えでした。誰でも同じことを考えたと思います。

問題は、きちんとした治験の手続きを経て、効果が科学的に証明されているかどうかです。たとえ特例的に日本で使えるようになったとしても、治験を経ていなければ、海外では誰も信用してくれません。日本発の薬が海外で販売ができない、という事態になりかねないのです。

そうした実情を踏まえ、治験の仕組みはこうで、違う方向に進んだらこんなデメリットがある、と理解してもらうのは我々の役割です。

それは対立ではありません。最終判断は国のトップである総理が下します。総理が全ての情報を正しく把握し、判断できるようにするため、我々行政官は情報提供を怠ってはいけないと思います。

アビガンは元々、新型インフルエンザに対して、一定の条件付きで承認となった薬です。新型コロナに対しては、試験管（in vitro）では有効でしたが、生体内（in vivo）で有効かどうかが課題でした。これは、一定のクリニカルトライアルをやって証明するしかありません。

コロナが流行し、有効である可能性を持つアビガンの使用を可能とするために、「観察的研究」という枠組みでアビガンも処方できるようにしました。ただし、医師の責任で、入院している人に限り、催奇形性といった副作用を説明し、同意した人に限るということになりました。

アビガンを飲んでコロナが治ったというタレントが出てきて、世論も承認すべきだという方向でした。コロナ禍を経て、アメリカの緊急使用許可（ＥＵＡ）に似た制度が導入されましたが、当時はそういった仕組みはなく、安倍総理も「なぜアビガンを使えないのか」という思いを強く持っていたと思います。

実は、私はアビガンについて、その効果は発熱期間ではなく、ウィルス量が減るかどうかを見たほうがいいと指摘していました。これまで風邪薬の承認は「発熱期間が短くなるか」で効果が判断されていましたが、アビガンの作用機序はウィルスの増殖を防ぐことなので、ウィルスの増減を見るべきだと考えました。

ところが、医薬品を承認する「医薬品医療機器総合機構（ＰＭＤＡ）」は、指標は発熱期間の短縮になっており、開発企業も最初に申請したときから同意しているので、途中では変えられないということでした。

仮に、ウィルス量で測っていたらアビガンは有効であった可能性もあります。しかし、その時点で認めるに足るデータはありませんでした。

『回顧録』には「薬系技官が反対した」とありましたが、彼らも別にアビガンの承認そのものに抵抗したわけではなく、元々のルールに照らして判断するのが彼らの職務だったということでしょう。

――病床逼迫も問題になりました。

安倍総理の『回顧録』には「医師会の協力が得られなかったことは反省しています」とありますが、「民間病院の協力が得られなかった」という方が正しいですね。ただ、民間病院が協力しなかったことが責められるべきかと言えば、違うと思います。

なぜなら、民間病院と比べ、公的病院のほうが明らかに規模は大きく、急性期病床が多いからです。一つの病棟をコロナ専用にすることができるし、看護師の数も比較的多い。民間病院は慢性期が多く、コロナの重症患者に対応するには適してない。

さらに、公的病院は赤字が出ても補塡されますが、民間病院は経営が悪化すればつぶれます。経営を支える補助金がない時期に、規模が小さい民間病院にコロナ診療に協力しろと言っても、難しいのは当然です。

しかも日本の場合、85％は民間病院です。今般の法改正で、自治体が医療機関と事前に協定を結び、協力しなければ罰則を課すという手続きができましたが、それが適切だと思います。

病床について、欧州の国々では明暗が分かれました。スペインやイタリアではもとの病床数が少なく、廊下にストレッチャーを置いて対応する光景が報じられました。

成功したのはドイツです。病床数をある程度確保し、しかもＩＣＵなどの重症病床が多かったという事情があります。

一方、日本の病床逼迫は、質が異なります。最大の問題は病床に対して人の数が少ないことです。日頃から人手が少ない中でやっているので、コロナのように人手のかかる病気が流行すると現場は回りません。

日本は病床については、選択と集中をしていくべきです。病床を減らすにしてもドイツの基準を参考に、しかもその過程ではＩＣＵを増やし、重症患者に対応できるようにすることが大切です。

私が担当した最初の7カ月間は、わからないことが多すぎたというのが率直な感想です。発症前に周囲に感染させるといった特徴は、一定の時間がたたないとわからなかった。

そして、武器がなかった。新型コロナの死亡率は当初スペイン風邪と同じぐらい高かった。のちにワクチンや治療薬が開発され、死亡率は下がりましたが、武器がないときにどうやって感染拡大を防ぐかと言えば、国民の行動変容しかありません。

国民の行動変容を起こすには、為政者である総理が、専門家と協力し、国民の心に届くメッセージを送ることが大事でした。そういう意味では、安倍総理は厳しい半年を過ごされたと思います。

第5章

安倍晋三とは

［鼎談］

憲政史上最長政権の軌跡

――回顧録が明かす安倍政治の戦略と人事

菅　義偉　前首相

すがよしひで　1948年秋田県生まれ。法政大学法学部卒業。衆議院議員秘書を経て、横浜市議2期。96年衆議院議員初当選。総務相、自民党幹事長代行などを歴任。2012年に第2次安倍政権で官房長官に就任し、在職期間は歴代最長。20年9月から21年10月まで第99代首相を務めた。

北村　滋　前国家安全保障局長

きたむらしげる　1956年東京都出身。東京大学法学部卒業。80年警察庁に入庁。2006年第1次安倍政権で内閣総理大臣秘書官。第2次政権で内閣情報官を経て19年に国家安全保障局長。現在、北村エコノミックセキュリティ代表。著書に『情報と国家』『経済安全保障』など。

橋本五郎　読売新聞特別編集委員

はしもとごろう　1946年秋田県生まれ。70年慶應義塾大学法学部を卒業後、読売新聞社に入社。政治部長、編集局次長を歴任。2014年度日本記者クラブ賞を受賞。日本テレビ「スッキリ」などに出演。読売新聞書評委員も務める。著書に『範は歴史にあり』『総理の器量』など。

構成：芳村健次（読売新聞論説委員）

出版に一度は「待った」

――『安倍晋三 回顧録』では、橋本さんは聞き手、北村さんは監修として関わっておられますが、どのような経緯で刊行に至ったのでしょうか。

橋本　133年の日本の憲政史上で最長となった内閣は、なぜ最長たり得たのか。その秘密はどこにあったのか。それをご本人の口から聞きたかったというのが、本書の出発点の一つ。

二つ目は、できるだけ早く出すべきだということ。これまでの日本の総理大臣の回顧録は、辞めてから10年後、20年後に出ているんです。すぐには出さない。その間にどんどん、どんどん正当化されて、「あの頃は良かった」という話になっちゃう。生きている関係者がいれば、「それは違います」と言える。そうすると、少しずつ事実に近づいていく。それが歴史に対する責任であり、回顧録を読んだ今の政治家も、そこから学ぶことがある。

2020年夏、安倍さんにこうした理由を説明して、「2021年9月までの自民党総裁の任期が終わったら回顧録を作りましょう」と持ちかけたら、快諾してくださった。

ところが、その1ヵ月半後に突然辞任されることになった。回顧録の話は「もうなくなったな」と思っていたら、安倍さんの方から「やりたい」と言ってくれて。2020年10月から1年かけて、1回2時間、18回、延べ36時間のインタビューを行いました。北村さんの準備も万全だった。

菅　もともと準備していたの？

北村　第1次政権が発足した2006年からスクラップを作っていたんです。1次政権が1年で終わった時は、安倍政権に関して本当につまらない本しか出なかった。2回目の総理をやったら必ずちゃんとした回顧録を出してもらおうと思って、新聞や雑誌記事のスクラップを続けていたんです。結局、全部で300冊ぐらいになって、うちのトランクルームに専用の本棚が二つあります。（笑）

橋本　安倍さん本人の記憶と、それを補完する北村さんのサポートとスクラップ。各国首脳との共同声明など、いろんな公文書も揃った。非常に明晰だ。そういう中で作られたところに、この回顧録の意味があると思います。

――本当はもっと早く刊行する予定だったそうですね。

橋本　実は、2022年1月には原稿が出来上がっていました。ところが、ご本人から「出版は待ってほしい」と言われた。ちょうど安倍派の会長になったばかりの頃で、そうすると内容が生々しすぎる。関係者がいっぱいいるし、外国の首脳でも現職の人がいるから、「ちょっと差し障りがあるなあ」という感じでした。

――そうした中で、7月にあの銃撃事件が起きてしまった。

橋本　そうなんです。事件後、北村さんが夫人の昭恵さんに、「実はこういう話が進んでいたんです」と回顧録の話をされた。そうしたら、安倍さんの自宅の机の上に回顧録のゲラが置いてあったということもあって、昭恵さんに出版を快諾していただいた。おそらく戦後最高レベルの回顧録だと思います。政治家が残したものとしては、かなり踏み込んでいる。それを出さずしてどうする、という感じがありましたね。

北村　昭恵夫人には、前向きに考えていただきました。連絡を取るたびに、「楽しみにしています」とおっしゃっていただいた。自宅に総理在任中のアルバムがこれも300冊ぐらいあるんですよ。その中から写真も選ばせてもらった。

橋本　昭恵さんは本を「いっぱい売る」とも言ってくれている。（笑）

1次政権の挫折をバネに

橋本　なぜ安倍内閣は長期政権たり得たかと言えば、やっぱり人事の妙でしょう。菅義偉さん、麻生太郎さん、二階俊博さんと、柱がしっかりしていて揺るがなかった。政策も、2012年発足の第2次政権になって切り替えた。世論を二分するようなことを断固としてやり、それが逆に後で評価された。安倍さん本人は回顧録で、1次政権の失敗、挫折が長期政権の一番の理由だとおっしゃっている。

菅　それは間違いない。1次政権の時はやりすぎるほどやったんです。これでもか、これでもかと。その経験が2次政権に生かされた。

橋本　1次政権でやった、例えば防衛庁の省への昇格にしても、国民投票法にしても、あれをやっていなければ、2次政権で特定秘密保護法や平和安全法制を実現することはできなかったのではないか。私は1次政権をもっと評価すべきだと思っているんですよ。生産性のある挫折だった。身近にいてどう思われますか？

菅　安倍総理自身が長期的な工程表みたいなものを持っていましたね。これとこれはいつやって、そうしたら少し緩めの、対立しないようなものをやって、次はこれでいこうと。例えば、特定秘密保護法とか平和安全法制をやれば、内閣支持率は10ポイントぐらい下がる。そこをコントロールしながらやっていましたね。

北村　よく覚えています。「北村、お前、参院選挙までは絶対我慢するんだぞ。終わったら何やってもいいから」って総理の意向を受けた当時の官房長官から言われて。

菅　ただ、特定秘密という名前は、評判が悪かった。（笑）

橋本　ネーミングは大事。

北村　総理は口に出してはおっしゃいませんでしたが、周りからは「お前のせいで支持率が10ポイント落ちた」と随分言われました。（笑）

橋本　印象的だったのは、2020年の新型コロナウイルス感染拡大を受けた全国一律の10万円給付です。「これはポピュリズムでしょう」と聞いたら、安倍さんは「パニックを回避し、強制力のない政府の要請に付いてきてもらうためには、民の歓心を買わなきゃいけない」、こう言ったんです。あえてポピュリズムをやったとね。そういう具合に硬軟、強弱をつけながらやったということですね。

菅　つけながらやっていました。間違いなく。

橋本　工程表は何年分作ったんですか。９年ですか、６年ですか？

菅　例えば２年ぐらいの工程表を作って、それが終わるとまた２年ぐらい作ってと。そういう感じでしたね。

北村　総理は、「菅さんと相談して、２次政権の最初から長期政権にしようと思っていた」とおっしゃっていました。そのつもりだったって。

菅　１次政権は１年じゃないですか。２次政権はせいぜい２年ぐらい、という思いでしたね。最初は何年もできるとは思っていなかった。

北村　最初はそうですね。やっぱり前政権の１年よりは長くしないと、と。

菅　悔しいから。１次政権の倍ぐらいはやるぞ、と。

橋本　工程表を作っても、その通りにはいかない。一日一日を一生懸命やって、結果的に長期になったということじゃないか。

菅　確かに工程表通りではなく、例えば、途中で米国の大統領も代わりました。そういう変化にも、うまく対応できました。

橋本　7年9ヵ月、官房長官を務めて、何が大変でしたか？

菅　楽しく仕事させてもらいましたね。内政はかなり任せてもらった。総理には全部話して了解を取りながらやりました。新型コロナウイルス以外は、みんなうまくいったんじゃないですかね。

北村　そう思います。コロナはなかなか不可抗力の部分もありましたから。

菅　政策も分かりやすかった。例えばアベノミクス。総理に就任する前に、安倍さんが講演で「3本の矢を始める」と発表しただけで、株価がばーっと上がった。それと、さっき言ったように、飽きられないようにメニューを変えていました。衆院解散のタイミングも良かったんじゃないですか。

橋本　そうなんですよ。解散のタイミングは、みんなが思っていることの逆を行った。いつも党内世論やマスコミの見方と違った。

菅　要は、支持率の数字よりも、上向きか下向きかの動きを見ていた気がしましたね。40%台でも上向きだったら、という感じで。そういう見方でした。

再登板を確認しに自宅へ

――安倍さんは回顧録で、首相再登板の主戦論は菅さんだったと言っています。「勝てる」という感触の根拠は何だったのでしょう。

菅　2012年9月の自民党総裁選は当初、石破茂さんと石原伸晃さんの二人の対決だと言われていたんです。だけど、国会議員の様子を見れば、第1回投票で二人に国会議員票の半数は集まらない、安倍さんなら半分は集まると、私はぶれなかった。安倍さんの人間的包容力とか、きめ細かい配慮というのは、やはりしっかりしていましたから。決選投票になれば間違いなく勝てると思っていました。

（安倍氏の所属していた）町村派は、1回目の投票は派閥会長の町村信孝さんでまとまらざるを得ないという雰囲気だった。その中には、安倍さんがかわいがっている議員もいた。私だったら、「何で俺をやらないんだ」と言ったでしょうけど、安倍さんはそういうことは絶対にやらなかった。自然体で、「決選投票の時は自分に入れてくれ」と言っていました。ものすごく我慢していたと思います。国会議員には二人（石破、石原両氏）よりはるかに安倍さんの方が浸透していた。

橋本 安倍さんは回顧録で、「私は、相手を完全に打ちのめす殲滅戦はしません」「私は割と、情を引きずってしまうところがあります」と言っています。

菅 出馬までには危ない時もあったんですよ。みのもんたさんの朝の番組に安倍さんが出演され、番組で安倍さんの出馬に賛成かどうかを街の人に聞いた。その番組を見た人から電話がかかってきて、「もしかしたら、安倍さん、総裁選に出ないんじゃないか」と言われた。

――街の声では、安倍さんはあまり人気がなかった？

菅 なかった。

橋本 たしかに、あの時は「まだ早い」という感じがありましたね。

北村　ああいった形で辞任した1次政権のリパーカッション（余波）があって、マスコミの支持はあまり高くなかった。

菅　ここで降りたら終わりだと思って、すぐに安倍さんの家に電話して「自宅にいらっしゃいますか」「じゃあ、ちょっと行っていいですか」と自宅に行った。行ったら何事もなかったように、二人で議員要覧を見て、この人はマルだとかバツだとかって書いた。（笑）

あるマスコミの世論調査では、総裁候補の選択肢に安倍さんが入っていなかったので、私が頼んで入れてもらった。最初は負けていても、総裁選で全国を回れば安倍人気は出てくると思っていました。役者なんですよ、安倍さんって。それに2次政権を作る前は結構、勉強していたよね。

北村　1次政権が終わった後は、結構一人でいらっしゃることも多かった。あんまり派手なこともできないですから、半年ぐらい家にいたと思います。

「小池百合子はジョーカー」

橋本　安倍内閣では麻生さんの存在も大きかったですね。

菅　そうですね。麻生さん、何だかんだ言いながらも、最後は協力してくれましたから。あの二人は稀有な関係じゃないですかね。

橋本　生まれ育ちが似ているので、お互いに癒やされるところがあったんですかね。

菅　それはあるかもしれないですね。安倍さん、麻生さんをものすごく立てていましたよ。総裁選では麻生さんは最初、谷垣禎一さんだったのかな。

北村　そうです。

菅　安倍さんは、麻生さんを説得するために、毎晩のように会っていましたね。

橋本　安倍さんは意外と言っては失礼だけど、人を見る目があった。各国首脳や政治家の寸評も的を射ていた。

菅　そうですね。

橋本　最たるものが小池百合子さん。小池百合子ジョーカー説です。「小池さんは、常にジョーカーです。ジョーカーが入ると、特殊な効果を発揮する。スペードのエースより強くなる。彼女は自分がジョーカーだということを認識している」「小池さんはいい人だが、相手を倒せると思った時は、バッとやってきて、横っ腹を刺すんです」と言っています。

――自民党衆院議員だった小池さんは総裁選で石破さんの支持に回りました。回顧録の中に、小池さんのことを「よく許せますね」と菅さんが聞く場面があります。

菅　あれ、からかって言ったんですよ。

橋本　半分怒っていたんでしょ。

菅　もちろん（笑）。安倍さんは「小池は絶対大丈夫だよ」と言っていた。実際は違った。だから、私は「よく許せますね」とからかった。

橋本　やっぱり非情になれない。

菅　なれないですよね。

橋本　結果的にそれが、ある種の包容力を人に感じさせたんだなあと思いました。

菅　私もコロナ対策で小池都知事と頻繁にやりとりするようになって、今はすっかり仲良くなりました。安倍さんの方が小池さんのことをよくわかっていたのだと思います。

トランプ大統領への電話

橋本　米国のトランプ前大統領と安倍さんの関係は、そばで見ていてどうでしたか？

菅　最初のお祝いの電話がやっぱり大きかったと思いますね。

橋本　２０１６年の大統領選当時は杉山晋輔外務次官も「ヒラリーが勝つ」と言っていた。

菅　外務省はみんな「ヒラリーが勝つ」って。投開票日の３日前ぐらいに、私が「トランプ陣営にお祝いの電話をしたい」と言って、外務省に連絡を取らせたんですよ。

橋本　「当選したらすぐ電話する」と？

菅　そう言ったら、トランプ陣営がえらく喜んだ。外務省は「絶対にトランプは勝たない。負けたらどうするんですか」と言うから、「負けたらそのままにしておけばいいだけの話だ」と。

橋本　そりゃそうだ。杉山さんはずっと後で、安倍さんに「お前は間違っていた」と言われたらしい。

菅　阿達雅志参院議員の友人が、トランプ陣営の選対に入っていた。その友人からの話ということで、「トランプはアメリカンドリームとゴルフが大好きだから、電話する時はこの二つを話題にした方がいい」と言ってきた。

橋本　当選後にニューヨークのトランプタワーに行ったのも、各国首脳で一番早かった。

菅　お祝いの電話をしたから、トランプタワーに行けたんですよ。

橋本　でも、オバマ大統領（当時）は面白くなかったでしょうね。

菅　トランプは安倍さんとの会談前の電話で、「メシ食おう」って言ってきたんです。外務省は「それだけは絶対勘弁してくれ」と言っていましたね。（笑）

外務省・財務省に不信感

橋本　安倍政権で一貫しているのは、外交においては外務省、内政では財務省を信用していないということです。徹底的にね。安倍さんも菅さんも二人揃って、何でそんなに過剰に反応を示すんだろうと思うほどです。

菅　いやいや。（笑）

橋本　菅さんの方が拒否反応は強かった？

菅　私は瞬間湯沸かし器ですから。安倍さんはちゃんとフォローしていましたね。

橋本　官僚主導にならないためにどうしたらいいか、人事権を含めて、二人で相談していたんでしょうね。

菅　それはやっていましたね。私にしてみれば、総理に「これでいっていいですか」と報告すると、「それでいいよ」と言ってくれたので楽でした。（消費税率引き上げに伴う）軽減税率導入の時は、財務省に強く言いました。

北村　そうですね。消費税に関しては2014年の夏の陣、翌年の冬の陣で2回目。軽減税率の時は規模の問題でしたね。

菅　軽減税率の規模について、公明党は1兆円ぐらい、自民党は5000億円程度と主張していた。

北村　財務省は4000億円の案を出していた。

菅　「これ以上、出せません」と言ってきた。私が一番心配したのは、自公の連立政権が壊れることだった。参院の議席は自民党だけでは過半数に届かないんだから。自民党はいつもそれを忘れちゃう。だから徹底してやってやろうと思った。自民党三役への根回しをやって、財務省に案を持ってこさせようとしたら、持ってこないんですよ。

橋本　サボタージュ？

菅　上乗せがない金額しか持ってこなかったんです。そこは厳しく言いました。最後は、自民党の谷垣幹事長を呼んでもらって、総理から直接やれって言ってもらった。懐かしいですね。

橋本　回顧録の中には、「大統領は反対党によって倒される。首相は与党から倒される」とある。だから、与党内こそ気を付けなければいけないと。人事もそうだけど、安倍さんは随所で党内に配慮していた。自民党内の空気がどうなっているか、おかしなことになる前に止めなければいけないとね。

菅　そうですね。国会対策委員長とか党関係の人事は、私の意見もかなり聞いてくれました。

橋本　総理と官房長官の関係が壊れるのは、官房長官が野心を持って次のステップを狙う時が一つ。もう一つは誹謗中傷というか、二人の仲を裂くために、あることないことを周囲が吹き込む。そうすると、総理も疑心暗鬼になる。それを見て、今度は官房長官も「え、自分を疑っているのか」と思ってしまう。で、壊れていく。そういう場面はありませんでしたか。

菅　それはなかったですね。総理が「とにかく会おうよ」という感じでした。私が総理執務室に行きたいと言えば、人がいなければすぐ入れるように時間を作ってくれた。必ず全部、総理に報告していましたからね。

橋本　一番大きかったのは、菅さんにとって「安倍さんと安倍政権が大事」ということが最初にあったことでしょう。それでは安倍さんも疑いようがない。

菅　私はあの人にあこがれていましたから。もう一回、総理を絶対やらせたいという思いで、それに賭けてやってきました。2次政権の時は自信ありましたよ。

橋本　2次政権がなければ、今の日本の政治は全然違ったでしょうからね。

菅　違ったでしょうね。だって、アベノミクスで、働きたい人が働けるところまで持っていった。年金の運用益は10年で90兆円出ていますからね。

靖国参拝前後に見た表情

橋本　安倍さんは中国の強引な振る舞いを改めさせるには、こちらが選挙に勝ち続け、「厄介な安倍政権は長く続く」と思わせる必要があったと言っています。それから、将棋と同じで、相手に金の駒を取られそうになったら、飛車、角を奪うという手を打たないといけない、とも。そういう神経戦を繰り広げてきた気がすると。なるほどなあと思いました。

菅　13年12月に靖国神社に参拝した時のことは話していましたか？

橋本　1次政権で参拝できなかったので、何としてでもやらないといけないと。

北村　日中関係がこれ以上、悪くならないところで行ったとおっしゃっていました。

菅　安倍さんが参拝に行かれる時に、官邸の総理室に行って見送ったんです。それで、帰ってきた時には「お帰りなさい」と言いに行った。参拝前の緊張と、参拝後の安堵した様子がすごく印象に残っていますね。

北村　1次政権で行けなかったことを、すごく悔やんでいた。

橋本　春秋の例大祭でも、8月15日の終戦記念日でもなく、2次政権発足1年という時期に参拝した。影響が少なくなるように、あの時期を選んだのでしょう？

菅　たぶん、そうだと思います。

橋本　相談した上で参拝したんじゃないんですか？

菅　「行く」という話はもちろんありましたけど、いつ行くかと話したのは、参拝の1ヵ月前ぐらいじゃないかな。

橋本　首相秘書官だった今井尚哉さんは、「参拝するなら秘書官を辞める」と言った。

北村　それは2次政権ができた当初ですね。最初に行こうと思った節があった。その局面ですね。

菅　安倍さんは、行かなきゃ駄目だと強く思っていた。

北村　思い詰めていましたよね。

橋本　安倍さんが1次政権で退陣後、福田内閣1年、麻生内閣1年、民主党内閣3年3ヵ月と、5年3ヵ月の間、総理が参拝しなかった。その負債をずっと背負っていたんでしょう。

菅　参拝後は、本当に肩の荷が下りたって感じでしたね。それは、すごく印象に残っています。

橋本　いろんな政策決定過程の中で、「これは重かった」と感じたものは何ですか。

菅　2016年12月にロシアのプーチン大統領が来日した時の首脳会談ですね。あまり筋書きがなかった。プーチンは遅れて来たんだよね。

北村　そうですね。ギリギリ土壇場で、共同声明をまとめた。4島一括返還というより、共同経済活動とかを入れ込みながら。

橋本　経済活動を優先することについては、「ロシアに都合のいいところを取られるだけだ」という空気が非常に強かった。

菅　だけどあの時、4島一括返還を主張したら物別れに終わっていた。

北村　そうだと思います。全然、話にならなかったでしょう。

橋本　プーチンとの関係でも、「やっぱり安倍さんはリアリストだなあ」と思った。２島でも返ってくれればいいというわけだ。

菅　リアリストですよね。

橋本　原則主義者みたいに思われてるけど、そうでもなかった。

安倍氏の不在、岸田氏への注文

橋本　なんで安倍さんと菅さんは気が合ったんですか。

菅　「育ち」が違うからでしょうか（笑）。私、市会議員から上がってきていますから。（世襲議員の）安倍さんは、それをうらやましいと思っていたんじゃないかと感じた時があります。我々は戦ってこなければ駄目だった。安倍さんは別に戦わなくてもよかった。私が「彼は敵だ」みたいなことを言うと、安倍さんは「俺はそこまで言えない」と言っていました。

橋本　安倍さんを失った喪失感を抱えたままですか？

菅　私はやっぱり……ずっと尾を引いていましたね、安倍さんのことは。何となく、何もあんまりやる気にならないという……。

――安倍さん不在の政界への影響をどう見ますか。

菅　今、自民党で防衛費増額の財源を議論していますけど、安倍さんがいれば、議論を引っ張っていたでしょうね。

橋本　安倍政権から岸田政権が学ぶべきことは？

菅　岸田政権は詳しく知らないから。（笑）

橋本　そう言わないで。（笑）

菅　安倍政権は、何をやるかがやっぱり明確でした。具体的に政策を打ち出して、進めていく。

橋本　もう一つは、決断するためにはやはり、その背後に周到な準備がなければならない。岸田さんには、周到な準備が見えない。状況が変わると、すぐに政策を変えてしまうように見える。

菅　安倍さんは準備を大事にしていました。

――安倍政権は周りにしっかり支える人たちがいたのが大きい。

菅　秘書官チームがしっかりしていたよね。

北村　総理のお人柄でしょう。

橋本　忠誠心のないチームでは、政権は回らない。

菅　1次政権の経験があったからでしょうね。

橋本　ところでこの頃、新聞には「菅さんの存在感が増している」と書かれている。

菅　派閥のことは、ずっと言ってきたことですからね（岸田首相が岸田派会長にとどまっていることについて、「派閥政治を引きずっているというメッセージになる」と指摘）。ベトナムを訪問した時に、たまたま取材でそれを聞かれて言っただけの話で、大騒ぎになるとは考えてもいなかった。

北村さんも一緒だと思うけど、やっぱり何となくすっきりしないよね。安倍さんがいるだけでホッとするというか、安倍さんだったらどういう判断をするんだろうなとか、そういうのを考えちゃいますよね。

――「安倍さんだったら」ということを、これからも発信していかれますか。

菅　やろうとは思わないですよ。疲れる。（笑）

橋本　大平正芳さんが1980年に首相在任中に亡くなった後、大平内閣の労働大臣だった藤波孝生さんが、もう完全にがっくりきて、オホーツクへ旅に出る。稚内《わっかない》から歩く。奥さんはずっと後をつけて行く。自殺するかもしれないと心配した。ところが、途中で若者たちがたき火をたいて盆踊りをしていた。「オホーツク　海を背負って　盆踊り」という句を作って、頑張ろうと東京に戻った。

私は本人からそれを聞いた時、一人の政治家が一人の政治家に与える影響の大きさを感じた。藤波さんにとって大平さんの存在がいかに大きかったか。菅さんと安倍さんとの関係で、それを思いました。

菅　本当にそんな感じがしますね。

［対談］

『安倍晋三回顧録』を点検する

――史料として読んでいくために

御厨　貴　東京大学先端科学技術研究センターフェロー

みくりやたかし　1951年東京都生まれ。東京大学法学部卒業。博士（学術）。東京都立大学教授、政策研究大学院大学教授、東京大学先端科学技術研究センター教授などを歴任。「東日本大震災復興構想会議」議長代理などを務める。『政策の総合と権力』『馬場恒吾の面目』など著書多数。

中北浩爾　中央大学法学部教授

なかきたこうじ　1968年三重県生まれ。東京大学大学院法学政治学研究科博士課程中途退学。博士（法学）。立教大学教授、一橋大学教授などを経て現職。専門は日本政治外交史、現代日本政治論。著書に『自民党――「一強」の実像』『自公政権とは何か』『日本共産党』など。

構成：柳瀬　徹

現在進行形の「回顧録」

――『安倍晋三 回顧録』が反響を呼んでいます。死去から半年ほどで出たというインパクトだけではなく、党内闘争や官僚への敵対心、各国首脳の人物評などが率直に語られており、驚きが広がっているようです。お二人は、本書をどのようにお読みになりましたか?

御厨 正直な感想として、ここまで踏み込んだ内容が、現役政治家の口から語られていることに驚きました。政治家の回顧録や、当事者にインタビューを行い記録にまとめるオーラル・ヒストリーの多くは、引退して10年以上経ってから編まれてきました。生々しい感情は消え、自身を客観視しながら書かれることが常なのですが、この本はそうではありません。あくまでも現役の政治家として、自らの政権運営を正当化する意図のもとで語っています。

安倍さんの政治手法は、敵と味方を峻別し、対決姿勢を鮮明に打ち出すことから「分断の政治」と呼ばれてきました。それが意図されたものであったことが本人の口から語られることで、分断が事実として歴史に刻まれたとも言えます。安倍政治の再構成を、安倍さん本人がこの本で成し遂げてしまったと言えるでしょう。知られざる事実が本人の口から次々と語られることの迫力は、ちょっと他に見当たりません。

内政や外交上の機微にも触れることから、2月13日に行われた衆議院予算委員会では立憲民主党の議員たちから「元首相の守秘義務違反ではないか」といった質問もなされましたが、そんなことは織り込み済みで刊行されているわけで、野党側の動揺も浮き彫りになりました。

中北　本の分厚さに一瞬怯んだのですが、読み始めると面白くて、一気に読んでしまいました。多数の現役政治家が実名で登場しますし、知らなかったファクトも非常に多く語られていますから、いやが上にも興味を惹かれます。安倍さんの持ち味であった、ざっくばらんに一気に話したあとに一息つくというような語り口もそのままで、まるで安倍さんが蘇って語っているかのような臨場感がありました。

読んでみて、7年8ヵ月にも及ぶ長期政権であることの厚みも感じました。長く政権の座に就いていなければ、ここまで内容が多岐にわたることはなかったはずですから。しかも話の多くは現在と地続きの過去という以上に、今そのもの、現在進行形の話という印象です。

ただ同時に、すでに政局はポスト安倍のフェーズに入り、安倍政治からの脱却の流れが強まっていることも意識せざるをえません。それは岸田首相が意図的に進めていることでもあるし、意図せずに進んでいる部分も大いにあると思います。

他方で安倍さんが築いた膨大な政治的遺産があることも事実で、後継者であることをアピールすることで、自身の権力を高めたいと思っている政治家も、安倍派や右派を中心に多く存在するでしょう。

そうした人たちにとっては、この本はいわば遺言であり、安倍政治とは何だったのかを再認識するテキストとなっているはずです。人名索引を見て、自分の名前が出ているか否か、登場回数が多いか少ないかで一喜一憂している政治家がかなりいるのではないでしょうか。（笑）

「我が闘争の記」を遺した理由

——御厨さんはご著書のなかで、「万人のために、公人の語る言葉を、専門家が記述する歴史」がオーラル・ヒストリーであると定義されています。この回顧録もそのように読むことは可能でしょうか？

御厨　前書きではこの本が、「歴史の法廷に提出する安倍晋三の「陳述書」」とされています。どうも安倍さんにも聞き手の方々にも、普通の回顧録にはしないという意識があったのではないでしょうか。

これまでの政治家のオーラル・ヒストリーでは、語り手と聞き手は新しい歴史を作る共同作業者として、少なくとも建前上は対等の立場に位置付けられていました。ところが、この本では聞き手の質問に対して、安倍さんが喋り倒すというスタイルが貫かれています。「敵」からの反論を想定し、先んじて倒してしまおうという攻撃性が、ときに不穏当にも映る発言に見え隠れしています。

また、つい「遺言」として見てしまいたくなりますが、安倍さん自身はこの本を現役政治家として世に問うつもりでいたわけですから、進行形の「我が闘争の記」なんですね。

中北　第一人者である御厨先生の言葉に、何かを付け加えるのは畏れ多いのですが、一点だけ申し上げると、オーラル・ヒストリーをめぐる環境の変化を感じます。

かつては政治家たるもの、体験したことは黙して語らず、墓場まで持っていくことこそが美徳とされていたため、回顧録が出るまでにはそれなりの年数が必要でした。ところが民主党政権の末期に、元朝日新聞政治部長の薬師寺克行さん（東洋大学社会学部教授）による『証言民主党政権』が刊行され、潮目が変わったように感じています。政権交代後は御厨先生と牧原出《いづる》さん、佐藤信《しん》さんによる『政権交代を超えて』や、山口二郎さんと私が編纂した『民主党政権とは何だったのか』などの証言本が多数刊行されていったわけですが、それらはやはり自公への政権交代という政治状況の断絶が契機になっていたと思います。

ところがこの本の場合は、そのような状況の断絶はありません。ですから安倍さん自身も出版をためらわれたようですし、不幸な事件がなければ今でも出ていなかったかもしれませんが、首相退任直後からインタビューが始まっていたという事実に、政治家のオーラル・ヒストリーに対する意識の変化が見て取れると思います。

御厨先生がおっしゃるように、この本には従来の回顧録にあった語り手と聞き手との距離感、緊張感は感じられません。そのかわりに、安倍さんが考えていたことがそのまま出ているという特徴があります。安倍さんが語ったことの客観性とは別に、彼の脳内がわかるという意味で非常に貴重な史料であり、正統派のオーラル・ヒストリーとは異なる価値を持っているとは言えますね。

御厨　政治家のオーラル・ヒストリーの嚆矢《こうし》といえば中曽根康弘さんの『天地有情《うじょう》』ですが、中曽根さんは自身が後世の人の目にどう映るかを考えて慎重に言葉を選ぶ人なので、何度も語り直され、何冊も回想録が出ることになりました。口が重い人からどうやって本音を引き出すかが聞き手の手腕で、語り手に翻弄されることも少なくありませんでした。ところが、安倍さんの場合は、とにかく本人が喋りたいし、敵を叩きたくてしかたがない。口が滑っている部分も多く、読むほうが慎重にならざるをえないところがあります。

その意味では、すごく面白いし証言として大変に貴重ではあるけれど、まだ生煮えの状態で世に出てしまった本であるとも言えますね。素材がまだ料理になりきっていない状態で、皿に生々しく載せられている。その躍動感は凄まじいものがありますが、この本だけで終わると、客観性をもった史料とは言えないですね。

事実と陰謀論のはざまで

――この本が史料となるためには、何が必要なのでしょうか。

御厨　オーラル・ヒストリーに必要だとよく言われるのは、クリティーク（批判）とコンメンタール（注釈）です。オーラル・ヒストリーを残すことは大変な作業ではありますが、肝心なのは他の史料と照合しての検証なんです。だから同業者からの批判が欠かせないのですが、お互いに苦労もわかってしまうので（笑）、つい真正面からの批判を避けがちです。しかし徹底的なクリティークを経ないと、客観的な史料としての価値は高まりません。

もう一つ待たれるのは、この本に関わった人たちのコンメンタールです。インタビューで参照されたのは、前国家安全保障局長の北村滋さんが第1次安倍政権時から残してきた、新聞・雑誌記事の膨大なスクラップでした。北村さんが詳細なコンメンタールを書いてくれれば、用意した記事のどこが使われて、どこが使われなかったのかが見え、安倍さんの意図もうかがうことができます。

コンメンタールを書くことも大変な作業で、私なら絶対にやりたくないと思うけど（笑）、本人がどういう状況を受けて何を語り、何を語らなかったのかがすごく重要です。そこまで揃って初めて、当事者の証言は、歴史検証に堪えられる史料となるんですね。

中北　この本はあまりにも面白いがゆえに、取り扱いには要注意ですね。

私は事実には2種類あると考えています。一つは実際に起こった客観的事実で、もう一つは客観的にはどうあれ、当事者がそのように認識したという事実です。それは外部の人間にはわからないからこそ、クリティークとコンメンタールが必要なのですが、この本の読まれ方を考えると、安倍さんの認識が客観的事実であったかのように伝えられていく危険性も感じます。

特に気になるのは、安倍さんの陰謀論的な認識による発言が随所に見られることです。たとえば森友学園問題を「左翼の人たちは、改憲を阻止しようという目的もあって（中略）取り上げた」「私の足を掬うための財務省の策略」などと推察するあたりです。安倍さんがそう思っていたという事実は重要なのですが、実際にそうなのかは客観的に検証する必要があります。

御厨　財務省についての発言はおっしゃる通りで、確かに永田町と霞が関における財務省の影響力はかなりのものではあるのだけれど、これを読んだ財務官僚の多くは「さすがにそこまでは」と思うでしょうね。明らかに事実を踏み越えて陰謀論に陥っているところがありますが、安倍さん自身がそれを楽しんでしまっているようにも思えます。

敵と味方を公然と峻別し、敵とみなした相手を徹底的に叩いて味方の支持を集めるのが安倍方式だから、敵は強ければ強いほどいい。増税派の官僚は全員潰すと言わんばかりに喋り倒す安倍さんは、語りを楽しんでいるように映るし、北村滋さんもこれらの発言を削らずに残したわけで、そこには安倍さんを中心とした官邸チームの明確な意図を感じます。

中北　付け加えれば、近い関係にあったはずの橋下徹さんなど維新に関する発言が、この本にはほとんどありません。安倍さんは日本維新の会の発足前に党首就任を打診されたと言われていますが、質問されなかったのか、やり取りを何らかの理由でカットしたのか、そういったコンメンタールも待たれるところです。

憲政史上最長の政権は、どのような思考と行動によってもたらされたのかを知るために、本書は第一級の史料ではありますが、この1冊だけで完結した史料として扱うのは、少なからず問題がありますね。

御厨　12年2月に松井一郎大阪府知事（当時）と対談して意気投合してから、安倍さんが9月の自民党総裁選で復活するまでの約半年間、安倍さんは足繁く大阪に通っていましたし、安倍さんとともに党内で無役になっていた菅義偉さんも頻繁に大阪入りしていたことは、周知の事実ですからね。総裁選で安倍さんが負けていたら、菅さんは離党して維新に入るだろうとさえ囁かれていました。

第1次安倍政権の失敗から復活するまでの数年間はかなり省略して書かれていますが、予備知識がないと、そのまま呑み込まれてしまう。このあたりの記述の濃淡には、何らかの意図があったのかもしれませんね。

政局を生きた政治家

――本書には多くの人物が登場しますが、安倍さんが抱いた好悪の感情がかなり率直に語られています。

御厨　まずはっきり出てしまっているのが、衆院当選わずか3回の彼を幹事長に引き上げた小泉純一郎さんを、好きではなかったことです。比例代表候補の「73歳定年制」を打ち出した小泉さんに命じられ、「終身比例1位」を保証されていた中曽根さんに引退を勧告しにいく心境など、かなり率直に語られています。

異例のスピードで安倍さんが首相まで上りつめたのは、幹事長、そして官房長官に任命した小泉さんの抜擢があってこそですが、当時の安倍さん自身が望んだポストではなかったこともよくわかります。小泉政権から安倍政権へと移行するあいだに、安倍さんとは会議や取材で何度もお会いしていますが、小泉さんについていけない部分があることは伝わってきていました。

実際に自分が首相になると、郵政民営化に反対し「造反組」として党から追い出された森山裕《ひろし》さんや野田聖子さんを復党させるなど、小泉色を消すことに腐心していましたから。

中北　二階俊博さんには、何事でも「一番槍」を務めるとか、自派議員の面倒見がいいとか、政治力への評価の高さが目立ちます。

党内リベラル派として知られる谷垣禎一《さだかず》さんへの言及の多さも、非常に印象的でした。麻生さん、谷垣さんと争った2006年の総裁選までは、谷垣さんと「あまり縁がなかった」と言っています。ハト派であり、財政規律を重視し消費増税を主張する谷垣派は、第1次安倍政権では閣僚からも党三役からも外されました。

しかし12年に谷垣さんが総裁を辞める際に、両院議員総会で「百里の道も、九十九里をもって半ばとす。この一歩こそ、乗り越えなければならない。安倍新総裁は、この最後の一歩を乗り切れる」と結束を訴え拍手を浴びるのを見て、自分が首相に返り咲いたら「谷垣さんには絶対に入閣してもらわないといけない」と思ったと言っていて、実際に衆院選後真っ先に、「どのポストでも用意します」と伝えたことも語られています。第2次安倍政権では、消費増税延期にも協力してくれたから感謝しているなど、生々しい感情が谷垣評に見え隠れしていますね。

御厨　貸し借りの関係が、状況によってあっという間に頭の中で入れ替わり、固定化されないのが特徴的です。派閥全盛期の政治家は、友敵関係が固定化されがちですが、安倍さんはどうもそうではない。好き嫌いははっきり態度に出るけど、政局での貸し借りですんなりと感情が変わるところがあります。古い政治家からすれば「ドライな」生き方だけど、徹底的に政局の人なんですね。

保守政治家として改憲や集団的自衛権に意欲は示すけど、それらが政局と重なるからこそ徹底的に取り組むのであって、政局が絡まなければ本腰が入らない。本書も徹底して政局視点で書かれています。

誰が敵で、誰が味方か

中北　好き嫌いで言えば、公明党との関係でも、かなり本音が見えますね。本音では、公明党は好きではない。でも連立のパートナーとしては重視しなければいけない。選挙は強いし、社会保障改革は自公のコンビネーションあればこそだし、安全保障関連法案でも妥協してくれた。改憲は公明党を説得できないとやれないんだと強調していますね。

御厨　おそらく山口那津男代表とは、肌が合わないでしょうね。山口さんも多分、安倍さんとは気が合わないと感じていたと思います。山口さんにインタビューした際に、安倍さんとの連絡手段を聞いたところ、彼はスマホを取り出して、これでコンタクトを取っている、と言っていました。「メールでは機微にふれることは書けないでしょう?」と聞いても、「いや、機微にふれる内容なんてないほうがいい」と言うんです。お互いに顔を合わせたくないというのが本音なのだろうと思いましたね。

改憲について議論しても意見を言わず、あとから「うちの組織では難しいですね」と言ってくると書かれています。前代表の太田昭宏さんのほうが「理解」があったと言っていますが、人間的にざっくばらんとした太田さんのほうが、ウマが合ったのだろうと想像がつきます。

中北　オバマよりもトランプと気が合ったという話もそうですが、行儀が悪くても本音で話す人のほうがやりやすいと感じていたようですね。

御厨　もっとも警戒していた中国の習近平についても、強面でも時折本音を見せるから、それほど嫌いじゃなかったように読めます。

中北　初めての首脳会談で目を合わさずに握手をされるなど、手強い相手だったことは周知の事実ですが、彼のことを自分と同じリアリストとして評価していますね。

御厨　本音で踏み込んでくるロシアのプーチンには少なからず尊敬の念があり、本音も出さず要求を受け流す韓国の文在寅《ムンジェイン》については、何の感情も持っていない。朴槿恵《パククネ》などは、お父さん（朴《パク》正熙《チョンヒ》）が暗殺された薄幸の女性という言い方ですね。

「最強」の理由

中北　私はアジア・パシフィック・イニシアティブが編集した『検証安倍政権』で、「官邸主導」の章を担当したこともあり、官邸チームの内情に強い関心を持って本書を読んだのですが、どうやって官僚と党内をまとめていたのかがよくわかりました。初代の内閣人事局長の加藤勝信さんと2代目の萩生田《はぎうだ》光一さんは、各省庁から上がってくる官僚人事をほとんどそのまま認めていたものの、警察官僚出身で事務の官房副長官の杉田和博さんが、内閣人事局長を兼務して以降、各省庁に対して人事権を積極的に行使するようになったというのは貴重な証言だと思います。政治家の介入を避けるため、事務の官房副長官が内閣人事局長になるべきだという主張がありましたよね。

御厨　確かにありました。

中北　でも実際は杉田さんが人事権を行使し、官邸の意図を霞が関に示していた。そして党内は菅官房長官が完全に掌握する。二人の強いグリップのもとで、官邸チームが強い影響力を発揮していたことが、安倍さん自身の言葉で裏付けられています。

御厨　杉田さんは安倍さん、そしてJR東海名誉会長の葛西敬之《よしゆき》さんとの結びつきが強かったですから。菅さんは官房長官から首相となり、岸田首相に交代してからも議員として残っています。ただ、安倍さんの全面的信頼のもと、「安倍代理」として党内ににらみをきかせた頃の影響力が、首相になってからは衰退していったように見えるのは、「菅代理」を作ることができなかったからだと思いますね。

「リーダーは育てるものではない」「小泉さんに育てられたとは思っていない」と言わんばかり

の安倍さんが、後継者を作ることに興味がなかったことも影響しているのかもしれませんね。後継者育成よりも、消費増税や安全保障関連法案など大きな政策論争があるたびに選挙を仕掛け、勝てばいい。9回の選挙に全勝したのだと誇っていますが、安倍さんは政治的射程がきわめて短く、目の前の選挙に勝てばそれでいいという考えが根底にあって、そういう意味でも徹底した政局の人なんですよね。

中北　安倍さんを嫌う人から見ると、保守的で右派的な政治家だという印象が強いのだと思いますが、実際は保守政治家であるだけでなく、政治的リアリストという面が強いですね。2015年に植民地支配への反省と謝罪を盛り込んだ「戦後70年談話」を発表していますが、保守派については「私を支持してくれる保守派の人たちは、常に100点満点を求めてきますが、そんなことは政治の現場では無理」だと言っています。同じ年に韓国と慰安婦問題に関する同意を結び、韓国政府が設置した財団に10億円を基金として拠出した際も、保守派からは激しく批判されたわけですが、日頃から意思疎通を図っている櫻井よしこさんが「韓国との手切れ金だ」と宥めてくれて収まった、とも語っていますね。

ただ、憲法9条改正については強い思い入れがあって、国民投票にかけて9条以外で否決されたら死んでも死にきれないとも言っています。譲れない部分以外にはかなり柔軟に対応し、世論の動向と政局を見て、折り合いを付けながら発言していたように思います。

御厨　私も関わった天皇退位の特例法にも、安倍さんには相当のこだわりがありました。議論がある程度まで煮詰まってから初めて、「この問題は政府・与党だけではなく、国会全体の支持が必要だ」と言い出したんです。全会一致で法案を通したかったでしょうが、最後に自由党が参議院で採決棄権したことで叶わなかった。相当に悔しかったはずですよ。

中北　「安」の字が入った元号案を絶対に使うなと指示したというくだりもありますね。そんなことをしたら取り返しがつかないんだ、と。世間では「安」の字を入れるんじゃないかともっぱらの噂でしたが（笑）、実際は逆だったようです。

御厨　そんなことで元号のシンボル性を傷つけられたくなかったんでしょうね。重視する課題と、あくまでも政争の具としての課題との温度差は、ある意味で見事です。小泉内閣で高いポストに就けられて苦労して、第1次安倍政権で脱小泉を図って失敗するなど、失意と雌伏の期間があったからこそ、徹底して政治的射程を短くして、目の前の相手を打倒することに注力したことが、本人の言葉で明確に裏付けられています。

中北　公明党との関係維持などもそうですが、政権を長期化させる秘訣が詰まった本と言えますね。

御厨　特に小選挙区制になってから議員になった若手は、これを読んで学ぶところが多いと思いますね。小選挙区制で苦闘して得たノウハウは多いです。でもベテランや長老たちには「ペラペラ喋りやがって」と、煙たがられるかもしれませんね。

中北　政権内部の人たちの失言を聞くにつけ、「女性と子ども、高齢者と障害者に関する発言は、とにかく口に出す前に、頭の中で一回、考え直してみろと若手議員には言っています」という安倍さんの言葉を、党本部の壁に貼っておいたほうがいいんじゃないかと思いますね。(笑)

御厨 それにしても、とんでもなく大きな宿題を残されてしまったと、歴史家としては思わざるをえません。

財務省をめぐる陰謀論的な言葉にしても、全てが陰謀論では片付けられない部分が確かにある。綿密な検証がなされないと、ある層には聖典として読まれてしまう怖さもあります。その点でもオーラル・ヒストリーに関わる者としては、挑戦状を突きつけられた思いがありますね。

［対談］

「強敵」安倍晋三を語る
――その思想、政策、そして人柄

前原誠司　国民民主党代表代行

まえはらせいじ　1962年京都府生まれ。京都大学法学部卒業。松下政経塾を経て、91年京都府議に初当選。93年、日本新党から衆議院議員初当選。新党さきがけを経て、96年に旧民主党に参加。2005～06年、民主党代表。09～12年の民主党政権で国土交通相、外相、党政調会長などを歴任。民進党代表も務めた。

辻元清美　参議院議員

つじもときよみ　1960年奈良県生まれ。早稲田大学教育学部卒業。学生時代にNGO「ピースボート」を創設。96年、衆議院議員選挙に立候補し初当選。NPO法、被災者生活再建支援法などの成立に尽力。国交副大臣、首相補佐官、国対委員長などを歴任。著書に『声をつなぐ』などがある。

構成：斎藤　岬

思い出す姿

――安倍晋三元首相が亡くなって、7月で1年です。野党として国会でたびたび激論を交わしてきたお二人は、安倍さんの不在をどう感じていらっしゃるのでしょうか。

辻元　亡くなられて寂しいですね。私は1996年衆議院議員初当選で、安倍さんより当選年次で1期下です。当時は自民党・社民党・新党さきがけによる連立政権の頃だったので、初当選時は与党だったんですね。その中にあって「右派」といわれる安倍さんとは、若手のときから「対極の二人」と言われていました。その後もずっと対峙し続けてきて「こんちくしょう」と思うことも多かったけれど、いま岸田さんと議論していると、「安倍さんが相手やったらもっと白熱した議論になるのにな」と物足りなさを感じるくらいです。前原さんは当選同期よね？

前原　そう。建て替え前の衆議院議員会館では事務所が隣同士でしたよ。私が601号室、安倍さんが602号室。事務所間で通行証の貸し借りをしたり、来客用のスティック砂糖がなくなったら借りに行ったりしていました。夕方に廊下でばったり会って、「食事に行きますか」と二人で出かけたこともあります。

ただ、私の1期目は非自民、非共産の細川、羽田政権を経て自社さ3党連立による村山政権、橋本政権の頃で、自民党がすごく謙虚だった時代でした。自社さの議員数の割合は、だいたい10対3対1だったんですが、政策調整会議の出席者数は1対1対1で、半年の間に2ヵ月ごとに各調整会議の座長が代わっていたんですね。私はさきがけの防衛・外務担当として座長をやっていて、外務だと自民党の福田康夫先生、社民党の秋葉忠利先生、防衛だと自民党の山崎拓先生、社民党の早川勝先生と交代する形になっていた。ですから、安倍さんよりもそうした中核の方々と話をする機会が多かったですね。

辻元　安倍さんは1～2年生の頃はあんまり目立ってなかったよね。

前原　でも、やはりエスタブリッシュメントですから、周りの見る目は全然違いましたよ。601号室と602号室では陳情客の数が比べ物にならない（笑）。将来を嘱望されている雰囲気があり、本当にいい意味でお坊ちゃんという感じでした。安倍さん自身も、自分が総理になるのは当たり前といった雰囲気で話をされていたのが印象に残っています。

辻元　社民党は人数が少ないので、私も若手の頃から重鎮の方たちとの会議にも出ていたけれど、自民党は人数が多いので、いくら安倍さんがエスタブリッシュメントであっても、そういう場には出てこられなかったんですよね。しかもあの頃の自民党はどちらかというとリベラル保守の人たちが権力を持っていたので、安倍さんのような右派的な人たちはあまり活躍する場がなかったのかもしれません。あとから思うと、自社さ政権に対するフラストレーションは相当溜まっていたんじゃないかな。

――辻元さんが安倍さんと接点を持ったのはいつ頃でしたか？

辻元　最初は「ナイチンゲール」をめぐるやりとりですね。2001年にアメリカ同時多発テロが起きてテロ特措法の議論があったとき、安倍さんは小泉政権で官房副長官、私は社民党の政策審議会長でした。自衛隊派遣の是非が議論されている中で安倍さんが「目的は人道支援、ナイチンゲールと同じだ」とおっしゃって、それはおかしいと思ったんです。ナイチンゲールは中立で敵味方関係なく助ける。例えばタリバンも助ける。しかし、自衛隊が派遣されれば米軍と一体だと思われるわけで、完全中立にはなりえないわけですから。

『日曜討論』（NHK）でそう批判したら、翌日に官邸から「官房副長官の安倍晋三です」と電話がかかってきて、「ああいう発言はやめてもらいたい」と相当高圧的に言われました。発言をチェックしているんだと思って、えらい細かい人やなぁ、と。だから「官房副長官からこういう電話があったら怯んで黙る人もいるかもしれませんけど、私の場合は火に油を注ぎますからおやめになったほうがいいんじゃない？」って返して（笑）。これまで自民党の大物は批判もどーんと受け止めていた感じでしたが、直接電話でクレームを言ってきた人は安倍さんくらいです。

そのときのことを相当恨んでいたみたいですね。『安倍晋三 回顧録』を読んだら私の名前が出てきて驚きました。「辻元清美氏らが設立した民間団体のピースボートは2016年に（略）海上自衛隊に護衛を要請してきたのです。普段は自衛隊を批判しているのに、危ない時だけは助けてくれ、というのはムシがいいでしょう」と書かれています。私は自衛隊ではなく政権の方針を批判しているのであって、そもそも前提の認識が間違っているし、この件では安倍さんと丸川珠代さんがデマを流したのを認めて謝罪も受けたのに、また回顧録で語っていることに驚きました。「やっぱりナイチンゲールの件でずっと恨まれていたのかな」と思いました。だからわりと根に持つタイプやね。そんな気せぇへん？

前原　それでいうと安倍さんは周囲に、「前原は北朝鮮でハニートラップにひっかかった」という話をずっとしていたんですよ。そんなわけがないし、私は朝銀信用組合と北朝鮮との関係をかなり激しく追及して公安調査庁から「身辺に気をつけてくれ」と言われたこともある人間です。なので、「もしそうだったら朝銀問題を取り上げないですよ」と本人の前で文句を言ったこともあるんですが、それでも口にしていたようですね。物腰が柔らかくて品の良い人でしたが、そういう面もありました。

辻元　ちょっと信じ込みやすいところがあったかもしれないね。私も似た経験があります。2002年に議員辞職した後、大阪選挙区で参院選に出たんです。そこで自民党の候補と競り合いになったら、党幹事長だった安倍さんが執拗に大阪入りして、私が「北朝鮮の手先」だというようなことを演説で言っていたとか。それは完全にデマなんです。でも、そういうデマやネット上の風説を取り上げて攻撃されたことはその後もあった。相容れない存在には攻撃的になるところがあったと思います。

観念論と心配り

——政策への評価はいかがでしょう。

辻元　前原さんは経済で安倍さんと相当激しくやりあっていたでしょう。「あなたは「デフレは貨幣現象だ」とおっしゃいましたよね」と。あのときのやりとりについて、前原さんに聞いてみたかったんですよ。私は安倍政権に対するジャッジとして、黒田（東彦）日銀総裁（当時）と組んで行ったことはうまくいかなかったというのが結論だと思うんです。賃金が上がってないし、経済成長していないわけだから。

前原　彼はかなり観念論の人なんですよね。私は保守という立場では通ずる部分もあって、出来の悪い法制ではあるけれど、集団的自衛権の解釈変更（２０１４年）をやった点では安全保障法制について一定の評価をしています。ただ、あのとき集団的自衛権を認める場合の法律的根拠としていた事例はすべて覆ったんです。なのに、「北朝鮮がアメリカ本土にミサイルを撃ったとき、インターセプト（迎撃）するためには集団的自衛権行使が必要だ」という極端な話をしてしまう。これは観念論から入っているからなんですね。私だったら、現実主義に基づいて日米安保の脆弱性がどこにあるかを考える。すると、いわゆる武力行使の一体化に行き着きます。朝鮮半島で有事が起きた際、「武力行使の一体化は憲法違反なので」という理由で後方支援をやめられるかといったら、現実的にはおそらくやめられないわけですからね。

アベノミクスについても同様です。初めの頃は「デフレは貨幣現象だ」と言い切っていたし、2〜3％の物価上昇を目指すとしていました。でもその数字には根拠がなかった。さらに黒田総裁に異次元の金融緩和をさせ、最終的には「いくらでも財政出動してかまわない」「いくら借金してもいい」、挙句の果ては「日銀は政府の子会社だ」とまで言っていました。ですが、本当にいちばん大事だったのは成長戦略と構造改革だったはずです。

また、しばしばアベノミクスについては「金融政策はA評価、財政出動はB評価、成長戦略・構造改革はE評価。つまり『ABE』だ」と言われますよね。E評価については私も同意です。国家戦略特区を設けて、まずは成功事例を作って日本全体の成長戦略にしようという趣旨だったのが、加計学園の件があって「自分の知り合いに便宜を図るためのものだったのではないか」ということになってしまった。あるいは、ダボス会議で「岩盤規制を砕くドリルの刃になる」とおっしゃっていましたが、では何をやったのかといえば実現できていないわけです。先ほど「いい意味でお坊ちゃん」と言いましたが、安倍さんが国のことを本当に思っておられたのは間違いないと思います。けれども安全保障にしても経済にしても、観念論による決め打ちになっていた。そこは取り巻きの方々の影響もかなり大きかったと思います。

辻元　そう、観念論なんですよ。集団的自衛権を議論していた際、子どもとお母さんが乗った輸送艦のパネルを記者会見で出してきたことがありましたよね。このような状況も集団的自衛権の根拠にはなりえないと批判されましたが、感情に訴えて国民を味方につけようという下心が丸見えで、安全保障をめぐる議論の際にあんなパネルを使うこと自体、論外だと思いました。そういうふうに、論理性や合理性とは少し違う次元で物事を進めようとされるところがあったと思います。

それと、前原さんが先ほど加計学園のことをおっしゃったけど、あのとき私は国対委員長だったんですね。落ち着いて政策議論をしたいのに、森友や加計、桜を見る会と次々に出てくるものだからどうしてもその疑惑追及をやらざるを得なくて、それが嫌でしたね。そういう事態が繰り返し起こる政治に対してすごく不信感があった。

前原　ただ、我々はやはり権力を握らないと何もできないわけで、第1次政権であああいう辞め方をした安倍さんを「もう一度総理にするんだ」と多くの人が支えたことは見過ごしてはいけないですよ。それはやはり安倍さんの人徳や人柄、人を巻き込む力によるものでしょう。党の仕事で全国各地を回っていると、多様な業界団体の方から「選挙のときに安倍さんから直接電話をもらった」という話を聞くんですよ。自民党総裁だから当然かもしれないけれど、「この人のために、頼む」と連絡して回っているんですね。面倒見は非常に良かった。

私もいっぺん電話をもらったことがありました。2017年に九州北部豪雨が起きたとき、福岡県朝倉市に視察に行ったんですね。避難所でいろいろお話を聞いたら、お年寄りが非常に苦労されていると。というのも、今ほど段ボールベッドが普及していなくて、避難所の床にみなさん直接寝てらしたんです。どうしたものかと思っていたときに、ある議員を通じて段ボール業界からベッド提供の申し出がありました。
これは渡りに船だと思って、当時官房長官だった菅（義偉）さんにすぐ電話して提案したんです。すると「やります」と動いてくれた。その後、安倍さんが視察に行って「これはいいね」という話になったとき、菅さんから「前原さんに言われてやったんですよ」と聞いたそうです。それですぐに電話をかけてきた。いかに国会で激しくやりあっていても、そうした心配りがあるとこちらも悪い気はしないじゃないですか。やっぱり人たらしなんですよね。
繰り返しになりますけれど、私はアベノミクスには今も否定的だし、集団的自衛権も結果オーライではあれど武力行使の「新三要件」はひどいし、立法根拠も非常に観念的だと考えています。でも個人としては人間的魅力があったことは間違いない。だからすごく複雑な思いがあります。

——お二人とも国葬は欠席し、前原さんは葬儀には参列されましたね。

前原　国葬となると政治家としてやったことに対する評価が入ってくると考えているので、参列しませんでした。一方で、長く接した分、思い出も多いですから、増上寺でのお葬式には足を運びました。

辻元　私は政治家と国葬というものがそもそもなじまないと考えているので行きませんでしたが、増上寺には自然と「行きたい」という気持ちになりました。飛行機が遅れて間に合わず、中には入れなかったんですが……。思想信条やイデオロギーが違っても、志半ばで命を絶たれるのは無念以外の何物でもないことは同じです。だからこそあれだけ激しく議論をしてきた者として、哀悼の意を表したいと思いました。

亡くなったという第一報を聞いたとき、安倍さんの笑顔が浮かんだんですよね。というのも、総理をお辞めになった後に衆議院議員会館の地下の廊下でばったり会ったんですよ。そこで「安倍さん辞められて、質問できへんの寂しいわ」って言ったんです。そうしたら本当に満面の笑みで、「いやぁ、僕はほっとしてます。これからは菅さんと存分にやってください」と答えて立ち去られて。総理大臣という鎧を脱いで憑き物が落ちたような、等身大の柔和な笑顔でした。そのときの笑顔が浮かんだんですよ。亡くなる前にこの会話ができたことで、国会で激しくやりあっているときのいがみあいのような対立の関係ではなく、良い形で終われたのは私にとって救いでした。

前原　それは実は私も同じです。あの参議院選挙の前、通常国会のほぼ終わる頃に、衆議院第一議員会館の事務所から本会議場に向かっている途中で安倍さんと偶然会ったんです。周囲には他にも人がいたんだけど私のところに来て、「前原さんはいろいろ活動されていて、本当に選挙強いね」と話しかけられました。参院選の応援で京都に行ったときに私の話になったらしくて。「いや、地盤も看板も鞄もないし、野党だから必死にやらんと勝てないんですよ」と返して、そこから最近の体調を聞いたりしながら、本会議場まで二人だけで歩いて行ったんです。30年近くずっと一緒に議員活動させてもらって、国会でも特に第2次安倍政権ではかなり議論をしてきたけれど、あのときはお互いが素に戻って話していた。数週間後に亡くなられたので、それが最後のやりとりになりました。あそこで会えて良かったと思っています。

『回顧録』をどう読んだか

――『回顧録』をお二人はどうお読みになりましたか？

辻元　自分が安倍さんと対峙していたときの裏側を知れて、そういう点では面白かったんですが、全体としては深みに欠ける印象を受けました。その時々の事象についてああだったこうだったと話すものなので仕方ない部分はあるんでしょうが、ちょっと単純な感じがしたというか。

前原　でも、回顧録は誰のものでも大体こういうものですよ。何をどう考えていたか当事者から聞くものですし、しかも亡くなられてすぐの出版でしょう。

辻元　そうなのか。ただ何より気になったのは、財務省への恨みですね。全体に貫かれているじゃない？

前原　総理を長くやった人がここまで財務省を悪く言うのは違和感がありますね。財務官僚も国を悪くしようと思ってやっているわけじゃないし、官僚中の官僚、ベスト&ブライテストが集まる役所ですよ。我々は私が大臣、辻元さんが副大臣として国交省にいたじゃないですか。だからよくわかるけれど、役人というのは言ってみれば我々の仲間であって、考え方が違ったとしてもどうやってチームに溶け込ませて一緒の方向性でやっていくかを考えなきゃいけないのが大臣、ましてや総理のはずです。そこは非常に引っかかりました。

辻元　それともう一つ、中国に対してもそうです。「中国は非常に警戒すべきだと、私は各国にずっと言ってきている」というスタンスでしたよね。各国に脅威だと言って回ったというような話を、あまりにも安易におっしゃっていると感じました。

前原　中国についてはそれほど違和感はなかったですね。私は民主党の代表だったときに中国脅威論を唱えて批判されたんですが、あの頃から日本の外交で最も考えなければいけない対象は中国だと思っています。ですから、QUAD（クアッド：日米豪印戦略対話）をまとめたことは安倍さんについて評価している点の一つですね。野党にとっては歯がゆいことですが、やはり長期政権になると外交は強くなります。長くやるほど各国の首脳と信頼関係ができますから。それでトランプとも親しくなって、F35を100機ぐらい買わされることになるわけだけれども……。

辻元　イージス・アショア（迎撃ミサイルシステム）もね。

前原　ロシアのプーチン大統領とも会談を27回重ねて、それがなんの成果をもたらしたんだという批判もできるけれど、そこで何かを動かそうという思いが総理としてあったんでしょう。全体として外交ではプラスの面があった点は、肯定的に見ないといけないと私は思います。

辻元　ただ、やっぱりそこも信じ込みやすい性質が関係していたんじゃないかな。ロシアが択捉・国後に地対艦ミサイルを配備したとき、私は国会で「あんた、人が好すぎるんじゃないの」というような質問をしました。そうしたら「私はたしかに辻元さんより人はいいかもしれませんが、交渉力はしっかりある」と返された。そのとき「プーチンの掌の上で転がされているな……」と感じました。多分、小さいときからお坊ちゃんで、周りの人に承認をされて生きてきたんじゃないかと思うんですよ。同時に、いわゆる右派といわれる人たちに取り囲まれていた。だから自己肯定感が高くて、異質な見解や立場を排除してしまう。

歴代の総理大臣はスポンジみたいなところがあったと思うんです。野党を尊重して、小渕（恵三）さんなんかは私が言った意見でも「いいところはどんどん取り入れたい」という懐の深さがあった。だけど安倍さんは「悪夢のような民主党政権」と呪いをかけるように言い続けたり、「こんな人たちに負けるわけにはいかない」と国民に向かって言ったりしたでしょう。『回顧録』からも、そういう相対する人たちへの怨念のようなものは感じました。

その後の自民党と野党

――安倍元首相亡き後の日本政治をどう見ておられますか？

辻元　このところ、街頭演説中に声をかけてくださる方から「辻元さん、最近おとなしいな」って言われるんですよ。でも国会の予算委員会でも、今までと同じように議論はしているんです。それってつまり、相手が安倍さんだったときと比べて「おとなしい」と思われてるんですよね。安倍さんは質問者に向かって野次を飛ばしたりつっかかってきたりするから、こちらも売り言葉に買い言葉でヒートアップしてしまうところがあった。しかもテレビではそういう場面を切り取って繰り返し流すので、より激しくやりあっているように見えるんですね。だから国民もそれに慣れてしまって「物足りない」となる。でもああいう応酬は、政治を良くしていくためには弊害もあったんじゃないかと思います。

とはいえ、今、岸田さんとの議論が物足りなく感じると最初に言ったように、その後の菅さんや岸田さんに比べて安倍さんは自分の主張を持って反論されていたので、まだやりとりがあった感じはします。

前原　今思えば、安倍さんとの議論は緊張感があって楽しかったですね。ダイレクトに答える方でしたから、こちらも「じゃあどこに落とし穴を掘っておこうか」と考えて臨むようなところがありました。私が対峙した歴代総理の中だと、小泉さんは本当に脇腹にドス差して殴り込みに行くような気持ちでやらないといけないくらい迫力があったけれど、安倍さんも気に入らないところでは凄む人だった。岸田さんはのらりくらりで、何が一番やりたいところなのかよくわからないんですよね。

——様々な評価や思いはあれど、野党にとって元首相が「強敵」であったことは間違いないと思います。その不在の影響はありますか？

辻元　まだ自民党の中には安倍さんの「魂」がさまよっている気がしますね。2012年の選挙で安倍チルドレンが入ってきて、いまの自民党は右派的な人が多い構造になっています。さらにいえば、安倍さんは国会議員や自民党内のそういう人たちだけでなく、右派的な文化人やコミュニティに相当強く支えられていた。そうした影響がまだまだ党内に残っていて、岸田さんはそこにすごく気を使っていますよね。私はそれこそが日本が閉塞感を打ち破れない原因の一つなんじゃないかと思います。

例えば、国会でもえらい話題になったLGBT差別禁止法案に関して、経団連会長をはじめ経済界の人たちは「早くやってくれ」と言っているわけです。グローバルスタンダードに合わせなければ世界で仕事ができないし良い人材も来ない。同性婚についても同様です。でも右派に縛られているせいで本腰を入れられずにいる。人権の問題は経済の閉塞感にもつながっていきます。だから私は、安倍さんが代表していたような観念右翼の霧を振り払わなければ、合理的に発展していく国にはなれないんじゃないかと考えています。

前原　私は自民党がどうというよりも野党のあり方が問われていると思いますね。私にも責任があるけれど、野党がバラバラだと言われていて、選挙での選択肢を提示できていない。岸田さんの支持率が一時期20％台まで落ちたけれど、また40％台まで上がっているじゃないですか。野党が強くなれば自民党に化学反応が起きてくるはずで、まだそこまでいけていないところに大きな問題がある。ポスト岸田が誰なのか、最大派閥の安倍派を今後誰が仕切っていくのかというのは政局の話としては面白いけれども、それはあくまでも自民党というコップの中の話です。民主主義においては、与党と野党の間に緊張関係があって、何か問題が生じれば政権交代が起きるというオルタナティブが必要です。そういう意味では、我々野党の側に大きな責任があると思います。

外交スピーチライターは『安倍晋三回顧録』をどう読んだか

――息遣い、口調が蘇る

谷口智彦　慶應義塾大学大学院教授

たにぐちともひこ　1957年香川県生まれ。東京大学法学部卒業。『日経ビジネス』記者、同誌ロンドン特派員、主任編集委員等を経て、2005～08年外務副報道官。13年から内閣審議官、14～20年は内閣官房参与として安倍晋三首相の外交政策演説の起草を担当。著書に『通貨燃ゆ』『日本人のための現代史講義』『誰も書かなかった安倍晋三』『安倍総理のスピーチ』など。

聞き手・構成：清野由美（ジャーナリスト）

初めて知った事実

――谷口さんは、安倍晋三元首相の外交政策演説の起草を担当し、海外出張にも同行され、政権の節目を身近で見てきました。『安倍晋三 回顧録』を、どう読みましたか。

安倍晋三という人物の息遣い、口調をよくとらえています。安倍さんがそこにいて、じかに話をしてくれているかのようです。語っている中身も、湯気が出そうなことばかりです。その当の人物が、いない。なんたる理不尽、不条理でしょうか。怒りを新たにしました。

当代一の政治記者の行き届いた質問に、安倍さんは腹蔵なく答えています。本書で初めて知る事実、「やはりそうだったか」と頷く事柄が多々ありました。第一級の記録です。

――首相退任の2020年9月から2年5ヵ月。回顧録の出版にはまだ早いという声もあります。

安倍さんは内外現役指導者の人物評をしています。そこが実に精彩に富む。反響が大きいでしょう。「早すぎる」という声が出てくるのはわかります。でも安倍さんは殺されてしまってもう口を開いてくれない。今回活字になった以上のことを聞きたくても、もう無理なんです。決して更新されることのない肉声を封じ込め続けるのは忍びない。さらにいえば回想録や伝記をジャーナリズムの一ジャンルと考え速報性を重んじる英語圏の流儀は、我が国も取り入れるべきです。

よく売れているようですが、生前の安倍さんに一部報道が貼ったレッテルとは別に、自分の目と心で安倍晋三という人物を吟味したいと思う人が少なくないのでしょう。

——初耳だったこともありますか。

いろいろと。2017年9月、「国難突破」と名づけた解散を表明した時、安倍さんは二つの「国難」を挙げ、それらと取り組む決意を示しました。一つは少子高齢化。もう一つが北朝鮮の脅威でした。聞き手の橋本五郎さん（読売新聞特別編集委員）は、後者に疑問を呈している。北朝鮮情勢が真に切迫していたなら、悠長に解散などしていられたのか、ということです。この質問に対する安倍さんの答えで疑問が解けました。北朝鮮情勢を解散理由にしたら批判が来ると思っていたと安倍さんは率直に言い、だからこそ9月11日に国連安保理で対北朝鮮制裁の完全履行を加盟国に求め、しばらくは北朝鮮が行動を抑えざるを得ない環境を作ったと答えています。

——そこが印象深いのはなぜですか。

まさか国連で伏線を作り、解散のシナリオを組み立てていたとは、当時思いが及ばなかったからです。しかもそればかりではありません。国連での演説も、解散の布石だったんです。現地時間の9月20日、国連で演説に立った安倍さんは、「私の討論をただ一点、北朝鮮に関して集中せざるを得ません」と言ったうえで、ほんとうに北朝鮮だけを論じました。異例だと話題を呼びました。

私は秘書官たちと演説作成に深く関わりながら、ワンテーマに絞る決断が国内政局と密接不可分だったことに今の今まで気づかなかった。いやはやなんともです。国連すらも解散の布石に使うダイナミズムは、総理最側近たちの結束抜きに発揮できなかった。その凄みに今頃気づいて、感心するやら、我が身を省みて情けないやら、だったわけです。

――回顧録から見えてくる安倍晋三とは、どんな人物でしょう。

大方の読者が頷いてくれると思いますが、機敏な情勢判断と、歴史に根差した不動の信念、政局を読む冴えに、人心を束ねる力。マクロ経済の把握力に、超長期の国のデザインを描く能力――それらすべてを備えていた、類い稀な指導者でした。

この本には、咄嗟の判断において過《あやま》たないことがいかに重要でかつ困難かを示唆する箇所が出てきます。

2002年、小泉純一郎政権の内閣官房副長官時代に、北朝鮮から連れ戻した拉致被害者をそのまま残せと断固主張したことはその一つです。当時は、一部の被害者を日本に一時帰国させたことで一定の達成とする見方があった。一時帰国なのであってまた北朝鮮に返すべきだという議論があったなか、安倍さんはひとり、犯罪者の手に被害者を戻す非道などあり得ないと力説するわけです。安倍さんがいてくれて良かった。

14年のクリミア併合を受けて欧米と日本が対露制裁を実施していた16年、アメリカのオバマ大統領（当時）に訪露の案を伝えた時もそうでした。安倍さんは、ロシア、北朝鮮、中国が合流し日本と日米同盟の脅威となる事態だけは避けたいとの一念で、ロシアと当たっていた。制裁の足並みが乱れるのを案じたオバマ大統領は「私があなたの立場だったら行かない」と言ったという。安倍さんは、じゃあ、あなたは日本の安全に責任を持つ立場なのかと言いたかったでしょう。オバマ氏が怒るのを承知のうえで、プーチン大統領へ会いに行く決断をしています。結局、日露関係は打開に至りませんでしたが、それは後から振り返っての話です。

——オバマ氏との間では他にも難しい局面がありましたね。

16年にオバマ氏がアメリカ大統領として初めて広島を訪問する際も、安倍さんは、決して自らの真珠湾訪問を交換条件にさせませんでした。旧日本軍の真珠湾攻撃は、奇襲だったとはいえ、軍事施設だけを狙ったものです。市民の無差別大量殺戮を企図した広島の原爆とは絶対に同列視できません。両者を繋げるなという断固たる意志が安倍さんにはありました。長谷川榮一総理補佐官兼内閣広報官も、意を体して各方面に働きかけをしたはずです。

——回顧録には、中国との外交の舞台裏も紹介されています。

習近平国家主席が、「自分がもし米国に生まれていたら、米国の共産党には入らないだろう。民主党か共和党に入党する」と、安倍さんに言ったという。本書の「スクープ」です。マルクス主義もヘチマもない、ひたすら権力だけを欲するのだというのですから、お付きの者たちは習氏の後ろで凍り付いたと聞いています。ここなど、在北京の邦人記者は中国外交部の定例記者会見で尋ねるといい。「こう書いてありますよ。どう解釈すべきでしょうか」などとシレッと。世界に拡散すべき話です。

ともあれ、習近平氏は安倍さんに対し、しまいにはかなり寛《くつろ》いで話していたことがわかります。安倍さんが強かったからですね。強くなければ中国とは当たれないし、敬意を得られない。回顧録が教える鉄則です。

もっと聞いてほしかったこと

――政権を中から見ていた谷口さんにとってもの足りなかった部分は？

聞き手の関心の表れでしょうか、経済と外交に関しては、一歩ずつ突っ込みが足りなかったと思います。

なるほどロシア、インド、中国に関して橋本さんはスクープものの証言を引き出しています。でも例えば、「安倍さん、インドって安倍さんにとって何なんですか」といった問いがあってよかった。「インパールにも行く予定だったんですよね。激戦の地で、何をするおつもりでしたか」とか。

2013年1月の所信表明演説で安倍さんが使って有名になった「地球儀を俯瞰する外交」というフレーズがどこに由来したのか。私だったら、「この言葉はいつどんな時に思い浮かんだのか」と聞いたと思います。安倍さんの周りには外交のプロたちがたくさんいましたが、その誰かが入れ知恵したというのではない。中国との間合いをとるうえで幾重にも意味深いフレーズです。今後の日本外交もこれでやるしかない。「総理、お風呂にでも入っていて、思いついたんですか」なんて、聞きたかったじゃありませんか。

――安倍さんは「クアッド」（Quadrilateral Security Dialogue：日本、アメリカ、オーストラリア、インドの首脳や外相による安全保障や経済協議の枠組み）を打ち出しましたね。

アメリカのトランプ前大統領のような予測不能な指導者にいちばんの友達だと思われていたことと、インド、オーストラリアとの関係を格段に強めたことは、すべてクアッドに繋がりました。日本はアメリカあっての物種です。アメリカやアメリカ人が好きか嫌いかなど、どちらでもいい。要は、強い日米同盟がなければ生きていけない国だという現実があるのです。クアッドは、インド太平洋に大きな梁を渡し、日米同盟を支える仕組みです。

世界を見渡しても、これほど物騒な界隈に位置する国は、日本以外、少なくともG7の中ではありません。隣では、ロシア、北朝鮮、中国が「惑星直列」状態です。どの国も核を持ち、核弾頭を増強中。どの一国として民主主義であったためしがなく、みな、日本と日米同盟を敵と見なしています。日米同盟を飛躍的に強化すべき時ぞ今、でしょう。それを安倍さんは見事にやりました。

――安倍外交、とくに対米外交はトランプ氏との個人的関係に依拠するものと言われましたが。

その意味で言うと、どこかで、「もし2016年の大統領選でヒラリー・クリントン候補が勝っていたら、安倍さん、どうでした」という問いがあってもよかったですね。

安倍さんはきっと、「トランプさんの場合とまた違った苦労があったかもしれないけれど、うまくやれた自信があります」と答えたに違いありません。日本の総理大臣は、アメリカ大統領の選り好みなどしていられないからです。どんな人が大統領になっても、うまくやらねばならない。それが日本国総理大臣たる者の責任です。

権力をふるう立場に自らを置いた者にのみ見えてくるものは、権力を縛る制約の多さであり、可能性よりは不可能性の数々なのだと思います。憲法審査会が全く動かず、改憲はその緒にすらつきませんでしたが、あれなど最たるものでした。できないことはほんとうに多かったと安倍さんはしみじみ思っていたはずで、それこそは為政者の抱く苦悩です。橋本さんにはそこを聞き出してほしかったですね。

3期目はあったのか

――安倍さんは3度目、つまり第3期政権を想定していたと思いますか。

ご本人は決して口にされませんでしたが、もし安倍政権がもう1期あるとしたら、「皇統」か「台湾」が喫緊の課題になった時だと私は思っていました。両者とも、咄嗟の判断を誤ると取り返しがつかなくなる難題です。危ういと見たら、安倍さんはもう一度立ったのではないでしょうか。皇統について、安倍さんはこの回顧録ではっきり「男系男子の旧皇族に現皇族と養子縁組して、皇籍復帰してもらうのがいいと思います」と話しています。自説を活字にさせたわけで、一種の遺言になりました。デモクラシーやジェンダー平等など、近代の価値尺度ではおよそとらえきれない伝統の重みを、いかに保守保全するかが、皇統を考える際の唯一の枠組みだと思っていたはずです。

――「台湾」とは台湾侵攻があった場合のことですか。

台湾は、武力侵攻によってであろうが、「平和的」にであろうが、中国の一部になってもらっては日本の安全保障上たいへん困る。日米首脳が会って共同文書を出す場合、「台湾海峡の平和的解決」と言いますが、この表現もそろそろ実態にそぐわなくなりました。台湾が「平和的」に大陸の一部になったとします。その時日本の戦略空間は著しく狭くなる。日米同盟の活動空間ましかりです。事態に猶予はありません。

来年1月、台湾は総統選挙を実施します。そこで民進党勢力が、中国共産党が主張するように「除去」されたとします。国民党選出の新総統は、中国との間合いをどうしようとするでしょう。北京の影響力が浸透するに任せていていいのか。気づけば、あれほど大陸を忌避していたはずの台湾世論も北京に対して宥和的になっていた、などということにならない保証はない。台湾は香港、マカオのように、戦争を経ずして事実上中国の一部になる。中国は、戦わずして勝つ。孫子の兵法です。

次の中国共産党大会があるまでの5年間は、習近平氏にとって正念場であり、台湾を何とかしようと本気で仕掛けてくることでしょう。アメリカと日本に勝てると彼が判断した場合、武力侵攻のオプションを使う可能性も、もちろんある。

ウクライナで煮え湯を飲まされたプーチン大統領の失敗に学んだだろうと思いたいところです

が、台湾は、習氏の見るところ独立国ではなく中国の一部ですから、いかに海で隔たっているとはいえ、武力を用いるための心理的ハードルは案外低いこともあり得る。与那国島や沖縄の嘉手納基地は直ちに戦域になります。

そんな事態を見越し、台湾有事を念頭に置いて、安倍さんは集団的自衛権が使えるよう法制度を改めたのです。亡くなる前には「台湾有事は日本有事、すなわち日米同盟の有事」という記事を英語メディアに寄稿しました。もし安倍さんが存命なら、岸田政権が出した安保強化の方向に満足しながらも、実行実践を急げ、急げと、ハッパをかけ続けたに違いない。代わってその役目を担える人がまだ乏しいですね。

――安倍さんの思考、行動を生み出した資質をどう見ていますか。

安倍さんは、まずとても明敏な頭脳の持ち主でした。安倍さんが亡くなる少し前、生涯頼りとし友とした葛西敬之さん（JR東海名誉会長）が病没しました。葛西さんは、博覧強記にして東西の古典に通じ、英語、数学なんでもござれ。安倍さん同様、治者として全体を俯瞰し、決断においても果断な人でした。そんな葛西さんが、「安倍さんは僕なんかよりずっとアタマがいいね」と常々公言していたのを知っています。

必要な時に最も適切な記憶を過不足なく引き出し、固有名詞や前後の経緯について間違えない。その「索引力」で、安倍さんは周囲を驚かせました。きっとインタビューでは、この能力で幾度も橋本さんたちを驚かせたはずです。

そして歴史観です。古くから延々と続いてきたものには人々の年々歳々の献身が込められている。だから尊いのだという安倍さんの思想は、保守の精髄ではありませんか。安倍さんが日本の社会課題を見る時、この思想は常に根底にありました。先の大戦で亡くなった兵士たちに、「みなさんのおかげで私たちは今繁栄を謳歌できています」と心のなかでいつも思っていたのも、同じ根から出るものだと思います。ですから靖国神社は大事です。

私は選挙戦に帯同していないのでよく見ていませんが、安倍さんは戦いとなると闘争心を剥き出しにしたと思います。アドレナリンの出方は強烈でした。没後に夫人の昭恵さんが問わず語りに、「夫は一日としてゆっくり眠ったことがなかった」と漏らしたけれど、「あぁそうだったのか」と思いました。選挙の際はもちろん、プーチン氏などと相対する時も、よし、と自分を奮い立たせていたことでしょう。

政権を支えた人々

――谷口さんを含め、官邸で安倍さんを支えた「チーム安倍」の方たちへの言及も多いですね。

本書の随所に、今井尚哉総理補佐官とあれをした、これをした、という話が出てきます。今井さんは、「自分は安倍さんの体の一部だ」くらいに思っているはずで、手がけたあれこれを言及などしてくれずとも結構と思っていたでしょう。

でも安倍さんは、今井さんのことを思い出すたび懐かしい気持ちに襲われていたのです。一度など、私は安倍さんがそう口にするのを聞きました。友情と優しさが奔出するようなところが安倍さんにはある。だから今井さんについても、あんなに言及したんですね。

それで言うと、橋本さんには「古谷補」や「兼原補」の働きについても、ぜひ聞いていただきたかった。古谷一之、兼原信克両官房副長官補（当時）のことです。内政、外政を動かすうえで、この二人は要でした。そして両人に対し、安倍さんはやはり敬意と友情を抱いていた。

安倍政権時の官邸は、安倍さんのためなら今バタリと倒れて絶命しても本望だと本気で思う人たちが、喜び勇んで働いた場所だったのです。兼原さんは、役目を終えた時、やや古風に「男子の本懐」だったと口にしました。周りのみなをそんなふうにした安倍晋三とはどんなリーダーだったか。本書はそれを知る手がかりになります。

なぜ安倍政権は長期政権になったのか。それは、今井さんが「一分一秒たりとも、いやだ、つらいと思ったことはなかった」と言うように、安倍政権を支える要の人々が、苦労を苦労とも思わなかったからです。危機管理要員の一人だった古谷氏に至っては、任期中東京23区から一歩も外に出ない禁欲生活を続けながら、「政府のいろいろな組織にいきいき動いてもらう。その司令塔の役目ができたという意味で、こんなに面白い務めはなかった」と言っていた。まさしくそこに答えがありそうです。

昨年暮れ、アメリカの有力銀行JPモルガンの国際諮問団が東京を訪れ、駐日アメリカ大使が公邸でディナーを供しもてなした時のことです。

亡き総理の代役として指名された私は、故人を偲ぶ文章を読みました。着席すると、隣に座るトニー・ブレア元イギリス首相が目を涙で真っ赤にしていた。安倍さん、ブレアも、泣いてくれましたよ。

初出一覧

第2章　当事者は語る

：『中央公論』２０２３年7月号　特集「安倍晋三のいない保守」より

第5章　安倍晋三とは

［鼎談］憲政史上最長政権の軌跡――回顧録が明かす安倍政治の戦略と人事（菅義偉・北村滋・橋本五郎）

：『中央公論』２０２３年3月号より

［対談］『安倍晋三 回顧録』を点検する――史料として読んでいくために（御厨貴・中北浩爾）

：『中央公論』２０２３年5月号より

［対談］「強敵」安倍晋三を語る――その思想、政策、そして人柄（前原誠司・辻元清美）

：『中央公論』２０２３年6月号より

外交スピーチライターは『安倍晋三 回顧録』をどう読んだか――息遣い、口調が蘇る（谷口智彦）

：『中央公論』２０２３年4月号より

いずれも、書籍化に際し加筆修正

その他は、本書初出

『安倍晋三《あべしんぞう》 回顧録《かいころく》』公式副読本《こうしきふくどくほん》
安倍元首相《あべもとしゅしょう》が語《かた》らなかった本当《ほんとう》のこと

2023年 8 月10日　初版発行

編　者　中央公論新社《ちゅうおうこうろんしんしゃ》ノンフィクション編集部《へんしゅうぶ》

発行者　安部順一

発行所　中央公論新社
〒100-8152　東京都千代田区大手町 1-7-1
電話　販売 03-5299-1730　編集 03-5299-1740
URL https://www.chuko.co.jp/

DTP　市川真樹子
印　刷　大日本印刷
製　本　大口製本印刷

Published by CHUOKORON-SHINSHA, INC.
Printed in Japan　ISBN978-4-12-005680-2 C0036

【好評既刊】

安倍晋三 回顧録

安倍晋三 著
橋本五郎 聞き手
尾山 宏 聞き手・構成
北村 滋 監修

2022年7月8日、選挙演説中に凶弾に倒れ、非業の死を遂げた安倍元首相の肉声。なぜ、憲政史上最長の政権は実現したのか。第1次政権のあっけない崩壊の後に確信したこと、米中露との駆け引き、政権を倒しに来る霞が関、党内外の反対勢力との暗闘……。乱高下する支持率と対峙し、孤独な戦いの中で、逆風を恐れず、解散して勝負に出る。この繰り返しで形勢を逆転し、回し続けた舞台裏のすべてを自ら総括した歴史的資料。オバマ、トランプ、プーチン、習近平、メルケルら各国要人との秘話も載録。あまりに機微に触れる——として一度は安倍元首相が刊行を見送った36時間にわたる未公開インタビューの全記録。

単行本

中央公論新社